भारतीय सेनाध्यक्षों
का
प्रेरक जीवन

AF649983

भारतीय सेनाध्यक्षों का प्रेरक जीवन

मेजर जनरल ए.के. शोरी

प्रभात पेपरबैक्स
www.prabhatbooks.com

प्रकाशक

प्रभात पेपरबैक्स

4/19 आसफ अली रोड, नई दिल्ली–110002

फोन : 23289555 • 23289666 • 23289777 ❖ फैक्स : 23253233

इ–मेल : prabhatbooks@gmail.com ❖ वेब ठिकाना : www.prabhatbooks.com

संस्करण

प्रथम, 2016

सर्वाधिकार

सुरक्षित

मूल्य

एक सौ पचास रुपए

अ.मा.पु.स. 978-93-5186-994-8

मुद्रक

आर–टेक ऑफसेट प्रिंटर्स, दिल्ली

★

BHARATIYA SENADHYAKSHON KA PRERAK JEEVAN
by Maj. Gen. A.K. Shori

Published by **PRABHAT PAPERBACKS**
4/19 Asaf Ali Road, New Delhi-110002

ISBN 978-93-5186-994-8

₹ 150.00

प्रस्तावना

निस्संदेह भारतीय सेना विश्व की सर्वश्रेष्ठ सेनाओं में से एक है। 1971 के भारत-पाक युद्ध की मिसाल न भी दें तो भी भारतीय सेना का महत्त्व कम नहीं होता। हमारा आयुधागार, हमारी सामरिक क्षमता, हमारा परमाण्विक सामर्थ्य, हमारा सैन्य कौशल और हमारी रेजीमेंट्स की वीरता विश्व स्तर पर हमें यदि सर्वश्रेष्ठ नहीं तो सर्वश्रेष्ठ से कम भी नहीं बनाती हैं।

संख्यात्मक दृष्टि से ग्यारह लाख तीस हजार सक्रिय सैनिकों एवं बारह लाख आरक्षित सैन्य-कर्मियों से युक्त भारतीय सेना विश्व की दूसरी सबसे बड़ी सेना है। यह पूर्णत: स्वैच्छिक सेवा है, यद्यपि भारत के संविधान में अनिवार्य सैन्य सेवा का प्रावधान भी है, पर इसे आज तक लागू नहीं किया गया। भारतीय थलसेना की स्थापना सन् 1947 में भारत को स्वतंत्रता मिलने के तुरंत बाद हुई थी। ब्रिटिश राज के समय की अधिकतर रेजीमेंट्स को यथावत् रहने दिया गया।

संयुक्त राष्ट्र की शांति सेनाओं के सदस्य के तौर पर भारतीय थलसेना ने विश्व के अधिकतर युद्ध एवं संघर्ष प्रभावित क्षेत्रों में उत्कृष्ट योगदान दिया है। इसे देश की भौगोलिक विभिन्नताओं के चलते अलग-अलग भौगोलिक क्षेत्रों में युद्ध का बहुमूल्य अनुभव है या हम इस तथ्य को इस तरह प्रस्तुत करें कि अनेकता में एकता की भारतीय विशेषता उसकी सेना में भी साफ नजर आती है और उसकी अलग-अलग रेजीमेंट्स इस बहुरंगी भारतीय छवि का प्रतिनिधित्व करती हैं।

तथ्यात्मक तौर पर हमारी सेना दुनिया की सबसे बड़ी और प्रमुख सेनाओं

में से एक है। संख्या की दृष्टि से हमारी थलसेना के जवानों की संख्या दुनिया में चीन के बाद सबसे अधिक है। अपने गठन के बाद से अब तक भारतीय सेना ने दोनों विश्वयुद्ध में भाग लिया है। यह तो रही स्वतंत्रता पूर्व की बात, स्वतंत्रता के अनंतर भारतीय सेना ने पाकिस्तान के खिलाफ 1948, 1965 और 1971 में तीन युद्ध जीते हैं। 1962 में चीन से हुए युद्ध में छले जाने के कारण वह युद्ध इतिहास के पन्नों में भारत की पराजय की स्मृति बना। किंतु 1999 में पाकिस्तान से हुए चौथे युद्ध में, जिसे कारगिल युद्ध के नाम से जाना गया, भारत ने विजय प्राप्त की।

इन सभी युद्धों में एक विशेष तथ्य सामने आया, जो भारत की शांतिप्रिय राष्ट्रीयता का परिचायक भी है कि इनमें से कोई भी युद्ध भारत के द्वारा शुरू नहीं किया गया था। दूसरे शब्दों में कहें तो ये सभी युद्ध भारत पर थोपे गए थे। भारतीय सेनाध्यक्षों ने हर युद्ध में अपने सैन्य कौशल का श्रेष्ठ परिचय दिया और भारत के शौर्य व स्वाभिमान की लाज रखी।

इन सभी सेनाध्यक्षों को यदि हम सेनानायक कहें तो यह अधिक उपयुक्त होगा, क्योंकि ये देश के अन्य विभागों के अध्यक्ष नहीं, देश की सेना के अध्यक्ष हैं और इस रूप में वे सेना के नायक हैं और हमारे लिए भारतीय सेनानायक हैं। हम अपने सैनिकों के बलिदान के बदले यदि उन्हें कुछ नहीं दे सकते तो कम-से-कम सम्मान तो दे ही सकते हैं और हृदय से धन्यवाद भी; क्योंकि उनकी बदौलत आज हम अपने घरों में चैन से सोते हैं। देश के इन सेनानायकों का जीवन हमारे लिए भी एक प्रेरणा है कि उनके पदचिह्नों पर चलकर हम भी देश के काम आ सकते हैं और देश के 'वीर पुत्र' कहला सकते हैं।

यह मेरे लिए गौरव का विषय है कि मुझे भारतीय सेनाध्यक्षों के ऊपर लेखन का अवसर मिला है। भारत के अन्यतम पूर्व प्रधानमंत्री श्री लालबहादुर शास्त्री के दिए गए नारे के साथ मैं यह पुस्तक अपने सुधी पाठकों के समक्ष प्रस्तुत करता हूँ।

जय जवान! जय किसान!!

अनुक्रम

भारतीय सेना की पृष्ठभूमि

मूल रूप से भारतीय सेना का इतिहास दो भागों में बँटा हुआ है। प्रथम वह, जो भारतीय स्वतंत्रता के पूर्व का है और द्वितीय वह, जो स्वतंत्रता पश्चात् का है। स्वतंत्रता-पूर्व का भारतीय सेना का इतिहास उसकी 'पूर्व-पीठिका' कहला सकता है, उसका मूल इतिहास नहीं। यह पूर्व-काल भारतीय सेना का ब्रिटिश शासकों द्वारा प्रारंभिक काल कहा जाएगा, क्योंकि उस काल में भारत मूल रूप में अस्तित्वमान नहीं था। छोटे-छोटे राज्यों में विभक्त आर्यावर्त स्वतंत्रता के उपरांत ही एकाकार हुआ। किंतु इस पूर्व-काल को हम नगण्य भी नहीं मान सकते, क्योंकि भारतीय सेना की नींव इसी दौरान रखी गई थी।

इसका श्रेय ब्रिटिश शासकों को जाता अवश्य है, किंतु इसके लिए भारतीय इतिहास उन्हें धन्यवाद नहीं देगा, क्योंकि भारतीय सेना उनके स्वार्थपरक उपनिवेशवाद का एक उपकरण थी। इसका उपयोग या कहें दुरुपयोग उन्होंने भारतीय जनता पर क्रूर शासन के अपने ध्येय की पूर्ति के लिए ही किया था।

भारतीय स्वतंत्रता सेनानियों का दमन और उनपर क्रूर अत्याचारों के लिए अंग्रेजी हुकूमत ने इसी भारतीय सेना का सहयोग लिया था। कुल मिलाकर पाँच सौ के लगभग बर्बर अंग्रेज शासक इसी सेना के माध्यम से इस विशाल उपमहाद्वीप को नियंत्रण में कर सके थे। द्वितीय विश्वयुद्ध में भी उन्होंने भारतीय सेना का इस्तेमाल किया था। हाँ, एक तथ्य अवश्य

सामने आता है, जिसका श्रेय अंग्रेजी हुकूमत को जाएगा कि भारतीय सेना का एक सुनियोजित ढाँचा उन्होंने तैयार कर दिया था, भले ही अपने फायदे के लिए उन्हें ऐसा करना पड़ा, किंतु स्वतंत्रता के उपरांत भी इसी ढाँचे के आधार पर स्वतंत्र भारत की सेना का संचालन होता आ रहा है।

अतएव, भारतीय सेनाध्यक्षों की यदि हम बात करें तो मूल रूप से वे स्वतंत्रता के अनंतर भारतीय सेना के सेनापतियों के तौर पर जाने जाएँगे, पूर्वकालिक अंग्रेज सेनाध्यक्ष नहीं। इससे पहले कि हम भारतीय सेनाध्यक्षों पर प्रकाश डालें, भारतीय सेना के इतिहास पर एक दृष्टि डालना आवश्यक होगा।

भारतीय सेना के पूर्व-काल को यदि हम 'ब्रिटिश भारतीय सेना' कहेंगे तो यह अपने पूर्णार्थ में अधिक उपयुक्त होगा। इससे हमारी सेना का महत्त्व कदापि कम नहीं होगा; क्योंकि भले ही यह एक दुर्भाग्यपूर्ण तथ्य है कि इस देश की सेना का जन्म इसके शत्रुओं के हाथों हुआ, तथापि यह एक ऐतिहासिक तथ्य तो अवश्य बना रहेगा। यह हमारी ऐतिहासिक विवशता से अधिक कुछ भी नहीं। आइए, हम प्रारंभ करते हैं इस 'ब्रिटिश-भारतीय सेना' के परिचय के साथ।

□

ब्रिटिश-भारतीय सेना—परिचय

भारत के विभाजन से पूर्व 1947 तक ब्रिटिश राज की प्रमुख सेना 'ब्रिटिश-भारतीय सेना' थी, भले ही यह ब्रिटिश सैन्य अधिकारियों के हाथों नियंत्रित होती थी। इसकी शुरुआत के कुछ वर्षों को छोड़ दें तो बाद में इसे प्राय: 'ब्रिटिश-भारतीय सेना' के रूप में नहीं बल्कि 'भारतीय सेना' के रूप में जाना जाता था। ब्रिटिश शासनकाल में, खासतौर पर प्रथम और द्वितीय विश्वयुद्ध के दौरान, भारतीय सेना ने अहम भूमिका निभाई और ब्रिटिश साम्राज्य के लिए काफी उपयोगी सिद्ध हुई। भारत में यह सेना प्रत्यक्ष ब्रिटिश प्रशासन (भारतीय प्रांत अथवा ब्रिटिश भारत) और ब्रिटिश आधिपत्य (सामंती राज्य) के अंतर्गत आनेवाले क्षेत्रों की सुरक्षा के लिए उत्तरदायी थी।

□

ब्रिटिश-भारतीय सेना–स्थापना

भारत को अपना उपनिवेश बनाने के षड्यंत्रकारी मिशन के इस दौर में ब्रिटिश हुकूमत भारत में उन्नीसवीं सदी के अंत तक इस स्थिति में पहुँच गई थी कि बाकायदा एक सेना का निर्माण और संचालन कर सके, जो भारत में रहकर उनके हितों को साधने का सशक्त साधन बन सके। और तब 1895 में आधिकारिक रूप से 'ब्रिटिश-भारतीय सेना' कहलाने वाली भारतीय सेना का निर्माण किया गया था। इस समय इस 'ब्रिटिश-भारतीय सेना' के साथ-साथ उनकी तीन उप-सेनाएँ भी संचालित थीं, जो कि 'प्रेसिडेंसी सेनाओं' के नाम से जानी जाती थीं। इन तीनों प्रेसिडेंसी सेनाओं—बंगाल प्रेसिडेंसी सेना, मद्रास प्रेसिडेंसी सेना और बंबई प्रेसिडेंसी सेना—को भी अब 'ब्रिटिश-भारतीय सेना' में सम्मिलित कर दिया गया।

यहाँ ध्यान देने योग्य बात यह है कि 'भारतीय सेना' शब्द का उपयोग अनौपचारिक रूप से पूर्व प्रेसिडेंसी सेनाओं के सामूहिक विवरण के लिए भी किया जाता था, खास तौर पर भारतीयों के विद्रोह के बाद।

भारतीय सेना, जो कि मूल रूप से 'ब्रिटिश भारतीय सेना' थी, अपने आप में शुरुआती दौर में एक विरोधाभासी स्थिति का शिकार हो गई और कारण बना इसका नाम—भारतीय सेना। इसमें 'भारतीय सेना' और 'भारत की सेना' दो अलग-अलग शब्दों का प्रयोग किया जाने लगा। हालाँकि

इनके बीच कोई भ्रम की स्थिति नहीं थी। वर्ष 1903 से लेकर 1947 के बीच इसमें दो अलग संस्थाएँ शामिल थीं। 'भारतीय सेना' भारतीय मूल की भारतीय रेजीमेंटों से निर्मित थी, जबकि 'भारत की सेना' ब्रिटिश सेना की इकाइयों से मिलकर बनी थी, जो मूल रूप से संयुक्त राष्ट्र की सेना से संबद्ध थी और इस समय इनकी नियुक्ति भारत में की गई थी।

□

सिपाही विद्रोह और मंगल पांडे

भारत की आजादी की पहली लड़ाई अर्थात् '1857 के विद्रोह' की शुरुआत मंगल पांडेय से हुई, जब गाय व सुअर की चरबी लगे कारतूस के इस्तेमाल पर उन्होंने विरोध जताया। इसके परिणामस्वरूप उनके हथियार छीन लिये जाने व वरदी उतार लेने का फौजी हुक्म हुआ। मंगल पांडेय ने उस आदेश को मानने से इनकार कर दिया और 29 मार्च, 1857 को उनकी राइफल छीनने के लिए आगे बढ़े अंग्रेज अफसर मेजर ह्यूसन पर आक्रमण कर दिया। आक्रमण करने से पूर्व उन्होंने अपने अन्य साथियों से उनका साथ देने का आह्वान भी किया था, किंतु कोर्ट मार्शल के डर से जब किसी ने भी उनका साथ नहीं दिया तो उन्होंने अपनी ही राइफल से उस अंग्रेज अधिकारी मेजर ह्यूसन को मौत के घाट उतार दिया, जो उनकी वरदी उतारने और राइफल छीनने के लिए आगे आया था।

इसके बाद देशभक्त विद्रोही मंगल पांडेय को अंग्रेज सिपाहियों ने पकड़ लिया। उन पर कोर्ट मार्शल द्वारा मुकदमा चलाकर 6 अप्रैल, 1857 को मौत की सजा सुना दी गई। कोर्ट मार्शल के अनुसार उन्हें 18 अप्रैल, 1857 को फाँसी दी जानी थी, परंतु इस निर्णय की प्रतिक्रिया कहीं विकराल रूप न ले ले, इसी रणनीति के तहत क्रूर ब्रिटिश सरकार ने मंगल पांडेय को निर्धारित तिथि से दस दिन पूर्व ही 8 अप्रैल, 1857 को फाँसी पर लटकाकर मार डाला।

वीर मंगल पांडेय द्वारा भड़काई गई विद्रोह की यह चिनगारी बुझी नहीं। एक महीने बाद ही 10 मई, 1857 को मेरठ की छावनी में बगावत हो गई। यह विप्लव देखते-ही-देखते पूरे उत्तरी भारत में फैल गया, जिससे अंग्रेजों को स्पष्ट संदेश मिल गया कि अब भारत पर राज्य करना उतना आसान नहीं है जितना वे समझ रहे थे। इसके बाद ही हिंदुस्तान में 34,735 अंग्रेजी कानून यहाँ की जनता पर लागू किए गए, ताकि मंगल पांडेय सरीखा कोई सैनिक दोबारा भारतीय शासकों के विरुद्ध बगावत न कर सके।

□

प्रथम स्वतंत्रता संग्राम और भारतीय सेना का जन्म

यदि अठारहवीं सदी के मध्य में देश में भारतीयों की अपने अंग्रेज मालिकान यानी 'ईस्ट इंडिया कंपनी' के प्रति असंतोष की बात की जाए तो साफ तौर पर यह 'सिपाही विद्रोह' एक धीमी सुलगती आग का धधकता रूप था। 1857 में विस्फोटित हुआ यह 'सिपाही विद्रोह' 'प्रथम भारतीय विद्रोह' था, जो कंपनी के खिलाफ फूट पड़ा था। इसे 'प्रथम भारतीय स्वतंत्रता संग्राम' के नाम से भी जाना गया। यह ब्रितानी शासन के विरुद्ध 'प्रथम सशस्त्र विद्रोह' था।

यह कोई एक या दो हफ्ते या महीने चलने वाला विद्रोह नहीं था, इस विद्रोह की लपट ऐसी उठी कि उसने लगभग सारे भारत को अपनी चपेट में ले लिया और यह विद्रोह दो वर्षों तक भारत के विभिन्न क्षेत्रों में चला। इस विद्रोह का आरंभ छावनी क्षेत्रों में छोटी झड़पों तथा आगजनी से हुआ था, परंतु जनवरी मास तक इसने एक बड़ा रूप ले लिया। विद्रोह का अंत भारत में 'ईस्ट इंडिया कंपनी' के शासन की समाप्ति के साथ हुआ और पूरे भारतीय साम्राज्य पर ब्रितानी ताज का प्रत्यक्ष शासन आरंभ हो गया, जो अगले 90 वर्षों तक चला।

1857 के इस 'सिपाही विद्रोह' के बाद के वर्षों में भारतीय सेना की उत्पत्ति हुई। 1858 में ब्रितानी ताज ने 'ईस्ट इंडिया कंपनी' से सीधे ब्रिटिश

भारत के प्रत्यक्ष शासन पर टेक ओवर कर लिया। 1858 से पहले भारतीय सेना की अग्रणी इकाइयाँ 'ईस्ट इंडिया कंपनी' द्वारा नियंत्रित थीं। इन इकाइयों को उनकी सेवाओं के लिए एक निर्धारित शुल्क का भुगतान भी किया जाता था। साथ ही ये इकाइयाँ ब्रिटिश सेना की इकाइयों का भी संचालन करती थीं। इन इकाइयों का खर्च लंदन में ब्रिटिश सरकार की ओर से उठाया जाता था।

□

सेना की उत्पत्ति का सामुदायिक आधार

'डिवाइड ऐंड रूल' यानी 'फूट डालो और राज करो' की यह कुटिल नीति अंग्रेजों द्वारा व्यावहारिक रूप में सबसे पहले सेना में इस्तेमाल की गई। न केवल धार्मिक बल्कि जातिगत तौर पर भी भारतीय लोगों को तोड़कर अंग्रेज हुक्मरान इस विशाल देश को नियंत्रण में करने में सफल रहे। सोच यह थी कि विरोधी जब आपस में लड़ मरेंगे तो विद्रोह कौन करेगा? शुरुआती दौर में 'ईस्ट इंडिया कंपनी' की सेना में 'बंगाल प्रेसिडेंसी' के मुसलमानों को शामिल किया गया था। इसमें खासतौर पर बंगाल, बिहार और उत्तर प्रदेश के मुसलिम समुदाय के लोग शामिल थे।

इसके अलावा हिंदुओं में से उच्च जाति के लोगों को अवध के ग्रामीण मैदानों से भरती किया गया। बाद में इनमें से कई सैन्य दलों ने भारतीय विद्रोह में हिस्सा लिया। इनका उद्‌देश्य था दिल्ली में मुगल सम्राट् बहादुर शाह 'द्वितीय' को फिर से गद्‌दीनशीन करना। इस तथ्य से यह बात सामने आती है कि इतनी कोशिशों के बाद भी आम जनता में काफी हद तक धार्मिक एकता बनी हुई थी। आंशिक रूप से इसके पीछे मूल कारण ब्रिटिश अधिकारियों का आम जनता के साथ किया जानेवाला दुर्व्यवहार था।

विद्रोह के बाद, विशेष रूप से राजपूतों, सिक्खों, गोरखाओं, पश्तूनों, गढ़वालियों, मोहयालों, डोगरों, जाटों और बलूचियों में से सैनिकों की भरती की शुरुआत हुई। ब्रिटिश लोग इन जातियों को 'लड़ाकू जातियाँ' कहा करते थे। इनको सेना में शामिल करने का फैसला सेना को और भी शक्तिशाली बनाने के उद्‌देश्य से लिया गया था।

□

सेना का सामयिक परिवर्तन

चूँकि शुरुआत तो ब्रिटिश भारतीय सेना की 1858 में हुई थी और 1902 तक आते-आते इसका स्वरूप संगठित और सुनियोजित हो चुका था। अतएव, 1858 से शुरू कर 1902 तक सेना को हम सामयिक आधार पर दो भागों में बाँट सकते हैं—एक, वर्ष 1858 से लेकर 1894 तक और दूसरा, वर्ष 1895 से लेकर 1902 तक।

वर्ष 1858 से लेकर 1894 तक—'भारतीय सेना' तीन प्रेसिडेंसियों की सेनाओं के संगठित रूप को इंगित करनेवाला एक अनौपचारिक शब्द था और इसके अंतर्गत सम्मिलित थीं—'बंगाल सेना', 'मद्रास सेना' और 'बंबई सेना'।

वर्ष 1895 से लेकर 1902 तक—इस दौर में 'भारतीय सेना' अपने औपचारिक स्वरूप को प्राप्त कर चुकी थी और अब यह स्पष्ट तौर पर भारत सरकार की सेना थी। इन इकाइयों में ब्रिटिश और भारतीय सिपाहियों की इकाइयाँ शामिल थीं।

□

प्रारंभ से स्वतंत्रता तक

भारतीय सेना ब्रिटिश हुकूमत का भारतीय भूखंड में स्थित सैन्य बल था, जिसकी भरती स्थानीय रूप से की जाती थी और यह उसके प्रवासी ब्रिटिश अधिकारियों की निगरानी में स्थायी रूप से भारत में स्थापित थी। इसे दो हिस्सों में बाँटा जा सकता है—एक तो भारत में ब्रिटिश सेना और दूसरा—भारत की ब्रिटिश सेना। भारत में ब्रिटिश सेना की बात करें तो यह वह सैन्य बल था, जो ब्रिटिश सैनिकों द्वारा निर्मित था। इसमें कई ब्रिटिश सैन्य इकाइयाँ थीं। इसके लिए ब्रिटिश सैनिकों को भारत में ड्यूटी के दौरे के लिए नियुक्त किया जाता था। इसके बाद उन्हें या तो संयुक्त राष्ट्र वापस भेज दिया जाता था या साम्राज्य के अन्य भागों में नियुक्त कर दिया जाता था। इसी तरह इसके दूसरे हिस्से में, यानी कि भारत की ब्रिटिश सेना में दोनों ही प्रकार के सैनिक सम्मिलित थे।

□

लॉर्ड किचनर द्वारा सेना में सुधार

वर्ष 1902 से लेकर 1909 तक लॉर्ड किचनर भारत के 'कमांडर-इन चीफ' थे। किचनर ने अपने कार्यकाल में भारतीय सेना में बड़े पैमाने पर सुधार किए। उनके सुधार का मंतव्य सेना के अंदर सुधार से अधिक सेना के द्वारा शासन में सुधार करना था। लॉर्ड किचनर के हाथों हुए इन तथाकथित सुधारों में सर्वाधिक महत्त्वपूर्ण यह था कि उन्होंने प्रेसिडेंसियों की तीनों सेनाओं को मिलाकर एक एकीकृत बल बना दिया था। किचनर ने उच्च स्तर की संरचनाओं, आठ सैन्य डिवीजनों, भारत और ब्रिटिश इकाइयों का भी गठन करके सेना की कार्यक्षमता को बढ़ाया। उत्तरदायित्वों के इस विकेंद्रीकरण ने सेना के कार्यकलापों को और भी सुसंगठित कर दिया।

□

सेना की कमान एवं अधिकारी

उन्नीसवीं सदी के मध्य के ब्रिटिश राज में फौज के कमांडर को 'कमांडर इन चीफ' का पद-नाम प्रदान किया गया था, जो आगे भी कई दशकों तक परंपरा में रहा। भारत में यह ब्रिटिश भारतीय सेना का 'कमांडर-इन-चीफ' भारत के सिविलियन गवर्नर जनरल को रिपोर्ट करता था। उसे और उसके स्टाफ को 'जी.एच.क्यू. इंडिया' (सेना मुख्यालय) में स्थापित किया जाता था। भारतीय सेना की पोस्टिंग को ब्रिटिश सेना की स्थिति की तुलना में कम प्रतिष्ठित माना जाता था, लेकिन उन्हें अधिक वेतन का भुगतान किया जाता था, ताकि अधिकारी अपनी निजी आय के बजाय उनके वेतन पर निर्भर कर सकें।

यद्यपि अंग्रेज अधिकारी व्यक्तिगत और व्यावहारिक तौर पर जितने अनुशासित होते थे, उतने ही ईमानदार भी थे। किंतु लंदन का तख्त भारतीय उपनिवेश को लेकर इतनी संकीर्ण व्यावसायिक मनोवृत्ति का शिकार था कि उसे अपने ही सैन्य अधिकारियों पर पूर्ण विश्वास न था। अतएव, अधिक वेतन का निहितार्थ उन्हें भ्रष्टाचार से रोकने के लिए पहले ही आर्थिक तौर पर संतुष्ट कर देना था।

भारतीय सेना में ब्रिटिश अधिकारियों से उम्मीद की जाती थी कि वे अपने सैनिकों से भारतीय भाषा में बात करना सीख जाएँ, जिन्हें प्राथमिक रूप से हिंदी-भाषी क्षेत्रों से भरती किया जाता था।

ब्रिटिश भारतीय सेना के प्रमुख अधिकारियों में फ्रेडरिक रॉबर्ट्स, अर्ल रॉबर्ट्स प्रथम, विलियम बर्डवुड, क्लाउड ओकिनलेक और विलियम स्लिम, विस्काउंट स्लिम 'प्रथम' शामिल थे। आंतरिक सुरक्षा और भारतीय समुद्री क्षेत्र में युद्ध अभियान के अतिरिक्त भारतीय सेना की मुख्य भूमिका थी—अफगानिस्तान के माध्यम से रूसी आक्रमण के खिलाफ उत्तर-पश्चिमी सीमा प्रांत की रक्षा करना।

□

सेना के कमीशन अधिकारी

मूल अंग्रेजी फौज और भारत में अंग्रेज सरकार की औपनिवेशिक सेना में एक समानता भी थी और इससे भारत में उनकी दिलचस्पी की गंभीरता भी साफ नजर आती है कि ब्रिटिश और भारतीय कमीशन अधिकारियों को ब्रिटिश सेना के कमीशन अधिकारियों के समान रैंकों पर नियुक्त किया जाता था। 'किंग्स कमीशंड भारतीय अधिकारी संघ' का गठन 1920 के दशक में किया गया। कमीशन अफसर की नियुक्ति भारत में ही होती थी, परंतु उसे जो शक्तियाँ प्रदान की गई थीं, वे ब्रिटिश अधिकारियों के समान ही होती थीं।

वायसराय भी कमीशन अधिकारी की रैंक में आते थे। अंग्रेज हुक्मरानों द्वारा भारत में जिन्हें वायसराय बनाया जाता था, उन्हें बाकायदा एक अंग्रेज अधिकारी जैसे ही पूरे अधिकार और लाभ प्रदान किए जाते थे। वायसराय कमीशन अधिकारी भारतीय होते थे, जिनके पास अधिकारी रैंक होता था। उन्हें लगभग सभी मामलों में कमीशन अधिकारियों का दर्जा दिया जाता था, लेकिन उनका अधिकार केवल भारतीय सैन्य दलों पर ही था और वे सभी ब्रिटिश राजाओं के कमीशन अधिकारियों और 'किंग्स कमीशंड भारतीय अधिकारियों' के अधीन थे। इनमें सूबेदार मेजर या रिसालदार मेजर (कैवलरी) शामिल होते थे, जो एक ब्रिटिश मेजर के समकक्ष थे। सूबेदार या रिसालदार का पद कैप्टन के समकक्ष था और जमींदार पद को लेफ्टिनेंट के समकक्ष माना जाता था।

□

सेना में वैकल्पिक भरती

आज की तरह उस समय भी सेना के द्वार सभी के लिए खुले थे। अपनी पसंद से कोई भी सेना में भरती हो सकता था। यद्यपि जन-सामान्य में अंग्रेजों या उनकी सेना में सेवा देने के प्रति किसी तरह की कोई अनुरक्ति नहीं थी, क्योंकि आंग्ल-शासन जोर-जबरदस्ती और क्रूरता के माध्यम से नियंत्रण में विश्वास रखता था। इस कारण जनता के अंतर्मन में उनके प्रति विदेशी और बर्बर होने की छवि बनी हुई थी या अधिक स्पष्ट शब्दों में कहें तो भारतीय प्रजा में अपने विदेशी शासकों के प्रति घृणा का भाव घर कर गया था।

अत: जहाँ एक तरफ जनरुचि ब्रिटिश सेना या सेवा के प्रति अरुचि रखती थी, वहीं सेना में प्रवेश भी पूरी तरह ऐच्छिक रखा गया था। सेना में भरती के लिए कोई दबाव नहीं था। भरती प्रक्रिया पूरी तरह से स्वैच्छिक और पारदर्शी थी। गैर-कमीशंड अधिकारियों में कंपनी हवलदार, मेजर शामिल होते थे, जो कंपनी सार्जेंट मेजर के समकक्ष थे। इसी तरह कंपनी क्वार्टरमास्टर सार्जेंट के समकक्ष कंपनी क्वार्टरमास्टर हवलदार को रखा गया था। हवलदार या दफादार (कैवलरी), सार्जेंट के समकक्ष थे। जहाँ नायक या लांस-दफादार (कैवलरी), ब्रिटिश कॉर्पोरल के समकक्ष थे, वहीं लांस-नायक या एक्टिंग लांस-दफादार (कैवलरी) को लांस-कॉर्पोरल के समकक्ष का स्तर प्रदान किया गया था।

□

कार्यकारी इतिहास—प्रेसिडेंसी सेनाएँ

जैसाकि इतिहास-विदित है, भारत में आनेवाले अंग्रेज घुसपैठिए पहले 'ईस्ट इंडिया कंपनी' की सूरत में भारत में घुसे। छोटे-छोटे भारतीय राजाओं को छल-बल से जीतते हुए लगभग संपूर्ण आर्यावर्त पर कब्जा कर लिया। इन राजाओं की सेनाओं से उन्होंने अपनी सेना तैयार की और धीरे-धीरे उन्हें अंग्रेजी प्रशिक्षण देकर अपने रंग में रँगना शुरू किया। बाद में तीन प्रेसिडेंसी सेनाओं की अतिरिक्त रूप से शुरुआत की, जो कि भारत में प्रथम अंग्रेजी सेनाएँ थीं या कहें कि भारत में भारतीयों से बनी प्रथम अंग्रेजी सेनाएँ थीं—कलकत्ता प्रेसिडेंसी सेना, मद्रास प्रेसिडेंसी सेना और बंबई प्रेसिडेंसी सेना।

इन प्रेसिडेंसी सेनाओं के कार्यकारी इतिहास को मोटे तौर पर पाँच भागों में बाँटा जा सकता है—बर्मा युद्ध, सिख युद्ध, अफगान युद्ध, अफीम युद्ध और एबीसीनिया का युद्ध।

बर्मा युद्ध में तीन युद्ध शामिल थे—प्रथम आंग्ल-बर्मी युद्ध, जो कि 1823 से 1826 तक चला। दूसरा आंग्ल-बर्मी युद्ध, जो कि 1852 से 1853 तक चला और तीसरा आंग्ल-बर्मी युद्ध जिसका समय भी एक वर्ष का ही रहा—1885 से 1886 तक।

इसी तरह सिख युद्ध भी दो हुए और एक-एक साल चले। प्रथम आंग्ल-सिख युद्ध वर्ष 1845 से 1846 तक और दूसरा वर्ष 1848 से 1849 तक चला।

अफगान युद्ध कुछ अधिक समय तक चले। ये भी दो ही हुए, पर इनमें 6 वर्षों का समय नष्ट हुआ। प्रथम आंग्ल-अफगान युद्ध 1839 से 1842 तक और दूसरा युद्ध 1878 से 1881 के दौरान चला।

इसके बाद आया अफीम युद्ध। इसने भारतीय ब्रिटिश सेना के इतिहास के आठ रक्तरंजित वर्ष नष्ट किए। प्रथम अफीम युद्ध 1839 से 1843 तक और दूसरा अफीम युद्ध 1856 से 1860 तक खिंचा।

और अंततः समय आ गया एबीसीनिया के युद्ध का। यह एक ही बार हुआ और इसमें समय भी एक वर्ष का ही नष्ट हुआ—सन् 1867 से 1868 तक। इसे 'एबीसीनिया के अभियान' के नाम से जाना गया।

□

कार्यकारी इतिहास—भारतीय सेनाएँ

फिर आया 26 अक्तूबर, 1894 का दिन, जब सेना विभाग की आदेश संख्या 981 के तहत भारत सरकार की एक अधिसूचना के द्वारा प्रेसिडेंसी सेनाओं के प्रभाव को 1 अप्रैल, 1895 से समाप्त कर दिया गया। यही नहीं, तीन प्रेसिडेंसी सेनाओं का एक समुच्चय बनाकर एक 'भारतीय सेना' बना दी गई। 'एकीकृत सेना' बनाने के साथ ही कमांड और डिवीजन भी बनाए गए। उपर्युक्त तीनों एकीकृत सेनाओं को मिलाकर उत्तरी, दक्षिणी, पूर्वी और पश्चिमी कमांड बनाए गए।

इन चार कमांड के अलावा वर्ष 1903 में आठ डिवीजन भी बनाए गए। कुल आठ डिवीजनों में से चार डिवीजन वर्तमान पाकिस्तान में और चार भारत में बनाए गए। इनमें पहला डिवीजन पेशावर , दूसरा डिवीजन रावलपिंडी, तीसरा डिवीजन लाहौर, चौथा डिवीजन क्वेटा (अब पाकिस्तान में), पाँचवाँ डिवीजन मऊ, छठा डिवीजन पूना, सातवाँ डिवीजन मेरठ और आठवाँ डिवीजन लखनऊ में बनाया गया। इसके अलावा कई कैवलरी ब्रिगेड भी बनाए गए।

प्रेसिडेंसी सेनाओं की तरह 'भारतीय सेना' नागरिक अधिकारियों को निरंतर सशस्त्र सहायता प्रदान करती थी। खासतौर पर डाकुओं के हमलों, दंगों और विद्रोह के दौरान इस तरह की विशेष सहायता प्रदान की जाती थी। पहला बाहरी विद्रोह, जिसका सामना 'एकीकृत सेना' ने किया, वह था सन् 1899 से 1901 के बीच चीन में 'बॉक्सर विद्रोह'।

□

भारतीय सेना–उत्तरदायित्व

भारतीय सेना पर जन-नियंत्रण का भार नहीं था। कदाचित् ब्रिटिश शासकों का आतंक ही यह जिम्मेदारी निभाने के लिए पर्याप्त था। विशेष अवसरों पर ही सेना का इस्तेमाल जनता से जुड़े मामलों के लिए किया जाता था। मूल उत्तरदायित्व, जो भारतीय सेना के कंधों पर डाला गया था, वह भारत में ब्रिटिश हुक्मरानों की चिंता का मुख्य विषय था। पड़ोसी देशों के हमले से देश या देश की प्रजा के जीवन में होनेवाली किसी हानि से अंग्रेजों को कोई लेना-देना नहीं था। उनकी चिंता का विषय तो विदेशी आक्रमण के कारण संभावित आंग्ल-राज्य के अपदस्थ होने की आशंका थी।

स्पष्ट है, अंग्रेजों के लिए इस सशक्त सेना के प्रयोग से अधिक आवश्यक उसका उपयोग था। सेना का उपयोग देश के अस्तित्व की रक्षा की अपेक्षा देश के शासकों के राजनैतिक अस्तित्व, यानी अपने राजनैतिक हितों की रक्षा करने के लिए करना उनके लिए प्रथम व अंतिम प्राथमिकता थी। इसलिए जो अनिवार्य व प्रमुख दायित्व भारतीय सेना के ऊपर डाला गया, वह था—अफगानिस्तान और उत्तरी-पश्चिमी सीमा पर बाहरी आक्रमण को रोकना। समानांतर रूप से भारतीय सेना को स्थानीय विद्रोहों और विद्रोहियों पर काबू पाने एवं डाकुओं के हमलों को रोकने की जिम्मेदारी भी सौंप दी गई थी।

इस तरह सेना सीमा पर बड़ी और सीमा के भीतर छोटी कारवाइयों

के लिए जिम्मेदार बना दी गई थी। भारतीय युवा जहाँ शरीर से सबल होता है, वहीं मस्तिष्क से उर्वर भी होता है और विश्व आज इस सत्य का साक्षी है। उस समय भी भारतीय युवाओं से परिपूर्ण इस सेना ने युद्ध कार्य के अतिरिक्त रचनात्मक कार्यों में भी अपना योगदान दिया—यथा भारतीय सेना द्वारा 1907 में क्वेटा में कमांड और स्टाफ कॉलेज की स्थापना करना।

□

प्रथम विश्वयुद्ध का दौर

प्रत्येक युद्ध की तरह प्रथम विश्वयुद्ध का कारण वर्षों से चला आ रहा वैमनस्य नहीं था बल्कि आर्थिक हितों को सुनिश्चित करने की दिशा में किया गया प्रयास था। लगभग चार वर्ष तक चले इस युद्ध की शुरुआत व्यापारिक कारणों से हुई। औद्योगिक क्रांति के कारण सभी बड़े देश ऐसे उपनिवेश चाहते थे, जहाँ से वे कच्चा माल पा सकें तथा मशीनों से बनाई हुई वस्तुएँ बेच सकें। इस उद्देश्य की प्राप्ति के लिए सैनिक-शक्ति बढ़ाई गई और गुप्त कूटनीतिक संधियाँ की गईं। इससे राष्ट्रों में अविश्वास व वैमनस्य बढ़ा और युद्ध अनिवार्य हो गया।

आस्ट्रिया के सिंहासन के उत्तराधिकारी आर्कड्युक फर्डिनेंड और उनकी पत्नी की हत्या इस युद्ध का तात्कालिक कारण था। यह घटना 28 जून, 1914 को सेराजेवो में हुई थी। एक मास पश्चात् आस्ट्रिया ने सर्बिया के विरुद्ध युद्ध घोषित किया। रूस, फ्रांस और ब्रिटेन ने सर्बिया की सहायता की और जर्मनी ने आस्ट्रिया की। अगस्त में जापान, ब्रिटेन आदि की ओर से, और कुछ समय बाद टर्की, जर्मनी की ओर से युद्ध में शामिल हुए। यह महायुद्ध यूरोप, एशिया व अफ्रीका तीन महाद्वीपों और जल, थल तथा आकाश में लड़ा गया।

प्रारंभ में जर्मनी की जीत हुई। 1917 में जर्मनी ने अनेक व्यापारिक जहाजों को डुबोया। इससे अमेरिका ब्रिटेन की ओर से युद्ध में कूद पड़ा,

किंतु रूसी क्रांति के कारण रूस महायुद्ध से अलग हो गया। 1918 ई. में ब्रिटेन, फ्रांस और अमेरिका ने जर्मनी आदि राष्ट्रों को पराजित किया। जर्मनी और आस्ट्रिया की प्रार्थना पर 11 नवंबर, 1918 को युद्ध की समाप्ति हुई।

चूँकि ब्रिटेन इस विश्वयुद्ध में शुरुआत से अंत तक लिप्त था, अतएव ब्रिटिश भारतीय सेना को इसमें झोंका जाना लाजिमी था। भारत की सेना ने एक ऐसे युद्ध में भारतीय जवानों के प्राणों की आहुति दी, जिसका उससे कोई लेना-देना नहीं था। किंतु फिर भी भारतीय सेना की 'राजपूत लाईट इंफेंट्री' ने अपने हिस्से में आई लड़ाई में अंग्रेजों के पक्ष में महती भूमिका निभाई।

इस कुख्यात युद्ध के शुरू होने से पहले, ब्रिटिश भारतीय सेना में 1,55,000 सैनिक थे। 1914 में या इससे पहले, एक नौवें (सिकंदराबाद) डिवीजन का गठन किया गया। नवंबर 1918 तक भारतीय सेना में 5,73,000 जवान शामिल हो चुके थे।

वर्ष 1902-1909 के बीच किचनर के द्वारा किए गए सुधारों के बाद, भारतीय सेना को ब्रिटिश लाइनों के साथ जोड़ा गया, हालाँकि साधनों और संसाधनों की दृष्टि से देखा जाए तो भारतीय सेना काफी कमजोर थी। एक भारतीय सेना डिवीजन तीन ब्रिगेड्स से बना हुआ था और हर ब्रिगेड में कुल चार बटालियंस सम्मिलित थीं।

इनमें से तीन बटालियनें भारतीय सेना की होती थीं और एक ब्रिटिश होती थी। भारतीय बटालियनों को अकसर जाति, धर्म या जनजाति के आधार पर अलग कर दिया जाता था। भारतीय सेना का तोपखाना बहुत छोटा था (माउंटेन आर्टिलरी की केवल 12 बैटरियाँ) और रॉयल तोपखाने (रॉयल इंडियन आर्टिलरी) की बैटरियों को डिवीजन से जोड़ा जाता था। रॉयल इंजीनियरों के समकक्ष इंजीनियरों का भी कोई कोर नहीं था, हालाँकि पायनियर्स या सैपर्स और माइनर्स के रूप में बटालियनों को नियुक्त किया गया था, जो अतिरिक्त पैदल सेना के लिए बटालियन के रूप में कुछ डिवीजनों को विशेष प्रशिक्षण देते थे।

युद्ध से पहले, भारत सरकार ने आश्वासन दिया था कि यूरोपीय युद्ध के दौरान भारत को दो पैदल सेना डिवीजन और एक कैवलरी (घुड़सवार) डिवीजन उपलब्ध कराई जाएँगी। उम्मीदों के झूठे सपने देखनेवाली भारतीय सेना ने अपने 1,40,000 सैनिकों के साथ फ्रांस और बेल्जियम में पश्चिमी सीमा पर सैन्य योगदान दिया। साथ ही इसके 90,000 सैनिकों ने 'फ्रंट-लाइन भारतीय कोर' में और 50,000 सैनिकों ने सहायक बटालियनों में अपनी सेवाएँ प्रदान की थीं।

अचानक ब्रिटिश अधिकारियों को भान हुआ कि भारतीय सेना का युद्ध में अधिक संख्या में उपयोग भारत में उनके अपने अस्तित्व के लिए संकट पैदा कर सकता था, जिसके अंदरूनी और बाहरी, दोनों ही कारण हो सकते थे। इसके बाद चार डिवीजनों को आखिरकार भारतीय अभियान बलों के रूप में भेजा गया।

इसने 'भारतीय कोर' और 'भारतीय कैवलरी कोर' का गठन किया। यह सेना 1914 में पश्चिमी मोरचे पर पहुँच गई। शुरुआत में ही बड़ी संख्या में कोर के अधिकारी हताहत हुए, जिसका प्रभाव उसके बाद के प्रदर्शन पर पड़ा। ब्रिटिश अधिकारी, जो अपने सैनिकों की भाषा, आदतों और उनके मनोविज्ञान को समझते थे, उन्हें जल्दी से प्रतिस्थापित भी नहीं किया जा सकता था और पश्चिमी सीमा के विदेशी माहौल का कुछ प्रभाव सैनिकों पर पड़ा। हालाँकि भारत में अशांति की आशंका कभी भी पैदा नहीं हुई और जब 1915 में 'भारतीय कोर' को मध्य-पूर्व में स्थानांतरित किया गया, तब उसे युद्ध के दौरान सक्रिय सेवाएँ उपलब्ध कराने के लिए कई और डिवीजन भी उपलब्ध कराए गए।

सर्वप्रथम भारतीयों को युद्ध की शुरुआत के महीने भर के भीतर ही युद्ध में झोंक दिया गया। यह युद्ध पश्चिमी सीमा पर चल रहा था। 1914 में हुए इस युद्ध में भारतीय सेना ने अपना जौहर दिखाया और भाड़े के सैनिकों के बतौर खुदादाद खान नामक एक सैनिक 'विक्टोरिया क्रॉस' को जीतनेवाला पहला भारतीय बन गया। 'फ्रंट-लाइन' पर एक साल तक

ड्यूटी करने के बाद, बीमारी और हताहतों के कारण 'भारतीय कोर' की तरफ से जोश और संख्या दोनों में ही कमी आने लगी, तब उनको वहाँ से हटाना पड़ा।

उस समय लगभग सात लाख भारतीय सैनिक मध्य-पूर्व में तैनात थे, वे 'मेसोपोटामिया अभियान' में अंग्रेजों की तरफ से तुर्कों के खिलाफ लड़ाई लड़ रहे थे। यहाँ पर आपूर्ति के लिए परिवहन की कमी थी और उन्हें गरम तथा धूल भरी परिस्थितियों में रहना पड़ता था। मेजर जनरल सर चार्ल्स टाउनशेंड के नेतृत्व में उन्हें बगदाद पर कब्जा करने के लिए भेजा गया, लेकिन तुर्की सेना ने उनको कामयाब नहीं होने दिया।

□

प्रथम विश्वयुद्ध और भारतीय सेना

प्रथम विश्वयुद्ध के दौर में भारतीय ब्रिटिश सेना की गतिविधियों को मूल रूप में सात भागों में विभक्त किया जा सकता है—पश्चिमी मोरचा, गालिपोली की लड़ाई, सिनाई और फिलिस्तीन अभियान, मेसोपोटामिया का अभियान, कूट की घेराबंदी, पूर्वी अफ्रीका और टाँगा की लड़ाई।

इस अंतरराष्ट्रीय युद्धकाल में, जिसे इतिहास 'प्रथम विश्वयुद्ध' कहता है, भारतीय उपमहाद्वीप के युद्ध-कर्मियों ने 13,000 पदक और 12 विक्टोरिया क्रॉस जीते। युद्ध के परिणामस्वरूप घायल या लापता भारतीय सैनिकों की बात की जाए तो इस गणना के उस समय के आँकड़ों के अनुसार युद्ध के अंत तक कुल 47,746 भारतीय मृत या लापता हो चुके थे तथा 65,126 घायल हो चुके थे।

प्रथम विश्वयुद्ध के परिणामस्वरूप वर्ष 1920 में 'भारतीय प्रादेशिक सेना' और सहायक बल का गठन किया गया तथा आईटीएफ का गठन 1920 के 'भारतीय प्रादेशिक सेना अधिनियम' के द्वारा किया गया। इसका गठन भारतीय रक्षा बल के भारतीय वर्ग को प्रतिस्थापित करने के लिए किया गया था। यह एक पूर्ण स्वयंसेवी बल था, जिसे 'ब्रिटिश प्रादेशिक सेना' के बाद गठित किया गया। यूरोपीय आईटीएफ के समानांतर सहायक बल (भारत) था।

प्रथम विश्वयुद्ध के बाद रणनीति की माँग पर ब्रिटिश हुकूमत ने भारतीयकरण की सैन्य प्रक्रिया को बढ़ावा दिया, जिसके द्वारा भारतीयों को उच्च अधिकारी रैंकों पर पदोन्नत किया गया।

भारतीय कैडेटों को 'रॉयल सैन्य अकादमी', सैंडहर्स्ट में अध्ययन के लिए भेजा जाता था और उन्हें किंग कमीशन से युक्त भारतीय अधिकारी का पूरा कमीशन दिया जाता था। किंग कमीशंड भारतीय अधिकारी हर तरह से ब्रिटिश कमीशंड अधिकारियों के समकक्ष होते थे और और उन्हें भी पूरा वही अधिकार मिलता था, जो ब्रिटिश बलों के सैनिकों को दिया जाता था।

फिर आया 1922 का वर्ष, जो सैन्य-विस्तार के लिए महत्त्वपूर्ण रहा। इस वर्ष कई बड़े रेजीमेंट्स का गठन किया गया और बहुत सी घुड़सवार रेजीमेंट्स भी भारतीय सेना में जोड़ी गईं। 1932 तक ब्रिटिश और भारतीय दोनों प्रकार के अधिकांश ब्रिटिश-भारतीय अधिकारियों को 'रॉयल सैन्य अकादमी' (सैंडहर्स्ट) में प्रशिक्षित किया जाता था। इसके बाद भारतीय अधिकारी बड़ी संख्या में 'भारतीय सैन्य अकादमी', देहरादून में प्रशिक्षण प्राप्त करने लगे, जिसे उसी वर्ष स्थापित किया गया था।

□

द्वितीय विश्वयुद्ध का दौर

अब आया दूसरा कुख्यात महायुद्ध, जिसे इतिहास ने 'द्वितीय विश्वयुद्ध' का नाम दिया। 1 सितंबर, 1939 को जर्मनी के पोलैंड पर किए गए हमले से 'द्वितीय विश्वयुद्ध' की शुरुआत हुई। इसके तुरंत बाद फ्रांस ने जर्मनी के खिलाफ मोरचा खोल दिया और इंग्लैंड तथा अन्य राष्ट्रमंडल देश भी उनके साथ आ गए। जर्मनी के हमले का उद्देश्य यूरोप में एक बड़ा साम्राज्य बनाने की कोशिश थी। 1939 के अंत से 1941 की शुरुआत तक, अभियान तथा संधि की एक श्रृंखला में जर्मनी ने महाद्वीपीय यूरोप का बड़ा भाग या तो अपने अधीन कर लिया था या उसे जीत लिया था।

'नाजी-सोवियत समझौते' के तहत सोवियत रूस का अपने छह पड़ोसी मुल्कों, जिसमें पोलैंड भी शामिल था, पर कब्जा हो गया। फ्रांस की हार के बाद युनाइटेड किंगडम और अन्य राष्ट्रमंडल देश ही धुरी राष्ट्रों से संघर्ष कर रहे थे, जिसमें उत्तरी अफ्रीका की लड़ाइयाँ तथा लंबी चली अटलांटिक की लड़ाई भी शामिल थी।

जून 1941 में यूरोपीय धुरी राष्ट्रों ने सोवियत संघ पर हमला बोल दिया और इसने मानव इतिहास में 'जमीनी युद्ध के सबसे बड़े रणक्षेत्र' को जन्म दिया। दिसंबर 1941 को जापानी साम्राज्य भी धुरी राष्ट्रों की तरफ से इस युद्ध में कूद गया। जापान का उद्देश्य भी व्यावसायिक ही था, वह पूर्वी एशिया तथा इंडो-चायना में अपना प्रभुत्व स्थापित करने का था।

उसने प्रशांत महासागर में यूरोपीय देशों के आधिपत्य वाले क्षेत्रों तथा संयुक्त राज्य अमेरिका के पर्ल हार्बर पर हमला बोल दिया और जल्द ही पश्चिमी प्रशांत क्षेत्र पर कब्जा कर लिया।

सन् 1942 में आगे बढ़ती धुरी सेना पर लगाम तब लगी, जब पहले तो जापान सिलसिलेवार कई नौसैनिक झड़पों में हारा, यूरोपीय धुरी ताकतें उत्तरी अफ्रीका में हारीं और निर्णायक मोड़ तब आया जब उनको स्तालिनग्राद में हार का मुँह देखना पड़ा। सन् 1943 में जर्मनी पूर्वी यूरोप में कई छोटे युद्ध और झड़पें हारा। इटली पर मित्र राष्ट्रों ने आक्रमण कर दिया तथा अमेरिका ने प्रशांत महासागर में जीत दर्ज करनी शुरू कर दी, जिसके फलस्वरूप धुरी राष्ट्रों को सारे मोरचों पर सामरिक दृष्टि से पीछे हटने की रणनीति अपनाने को मजबूर होना पड़ा।

सन् 1944 में जहाँ एक ओर पश्चिमी मित्र देशों ने जर्मनी द्वारा कब्जा किए हुए फ्रांस पर आक्रमण किया, वहीं दूसरी ओर से सोवियत संघ ने अपनी खोई हुई जमीन वापस छीनने के बाद जर्मनी तथा उसके सहयोगी राष्ट्रों पर हमला बोल दिया। सन् 1945 के अप्रैल-मई में सोवियत और पोलैंड की सेनाओं ने बर्लिन पर कब्जा कर लिया और जर्मनी के बिना शर्त आत्मसमर्पण के साथ ही 8 मई, 1945 को द्वितीय विश्वयुद्ध का यूरोप में समापन हो गया।

अब शेष रहा एशिया का युद्धरत हिस्सा, तो सन् 1944 और 1945 के दौरान अमेरिका ने कई जगहों पर जापानी नौसेना को शिकस्त दी और पश्चिमी प्रशांत के कई द्वीपों में अपना कब्जा बना लिया। जब जापानी द्वीप-समूह पर हमला करने का वक्त करीब आया तो अमेरिका ने जापान में दो परमाणु बम गिरा दिए। भारी जनहानि और जापानी सभ्यता के महाविनाश की आशंका ने जापान को आक्रांत कर दिया और जापानी साम्राज्य के आत्मसमर्पण के साथ ही 15 अगस्त, 1945 को एशिया में भी 'द्वितीय विश्वयुद्ध' समाप्त हो गया।

□

द्वितीय विश्वयुद्ध और भारतीय सेना

जिस समय स्वार्थपूर्ण व्यावसायिकता की बलिवेदी पर द्वितीय विश्व युद्ध की हिंसक आहुतियाँ डाली जा रही थीं, ब्रिटिश भारतीय सेना में सेवा दे रहे जवानों की संख्या थी—दो लाख पचास हजार। इस युद्ध में भारतीय सेना की भूमिका को सर्वोत्तम ढंग से ऐसे कहा जा सकता है कि द्वितीय विश्वयुद्ध के दौरान भारतीय सेना इतिहास में सबसे बड़ा स्वयंसेवक बल बन गई और लगभग 215 मिलियन से अधिक लोग इनमें शामिल हुए।

87,000 भारतीय सैनिकों ने निहित स्वार्थों के इस अंतरराष्ट्रीय सशस्त्र संघर्ष के दौरान अपना जीवन खो दिया। भारतीय सैनिकों ने द्वितीय विश्वयुद्ध के दौरान 30 'विक्टोरिया क्रॉस' जीते, जो वस्तुतः अपने भाड़े के सैनिकों के लिए एहसान फरामोश अंग्रेजों की एक रणनीतिक औपचारिकता से अधिक कुछ नहीं थे।

प्रथम विश्वयुद्ध के मुकाबले अब भारतीय सेना अधिक अनुभवी हो चुकी थी और युद्ध के अनुभवों के साथ उसे बेहतर प्रशिक्षण प्राप्त होने लगा था। प्रशासन, हथियार, प्रशिक्षण और उपकरणों के मामलों में भारतीय सेना के पास इस दौरान पर्याप्त स्वतंत्रता थी।

निस्संदेह, द्वितीय विश्वयुद्ध में भारतीय सेना का योगदान उल्लेखनीय रहा। तब कदाचित् प्रथम बार अंग्रेज हुक्मरानों को महसूस हुआ होगा कि यह सशक्त भारतीय शौर्य-बल जिस दिन उनके खिलाफ चला गया, उनका

अस्तित्व छिन्न-भिन्न हो सकता है। इस भाव को अंग्रेज-मस्तिष्क में उभारने का एक कारण वीर भारतपुत्र सुभाषचंद्र बोस ने भी दे दिया था आजाद हिंद फौज बनाकर।

द्वितीय विश्वयुद्ध के भारतीय सेना के उल्लेखनीय योगदानों में सम्मिलित थे—द्वितीय विश्वयुद्ध के भूमध्य, मध्य-पूर्व और अफ्रीकी थियेटर, पूर्वी अफ्रीकी अभियान, उत्तर अफ्रीकी अभियान, ऑपरेशन कंपास, ऑपरेशन बैटल एक्स, ऑपरेशन क्रूसेडर, एल अलामे का पहला युद्ध, एल अलामे का दूसरा युद्ध, एंग्लो-इराक युद्ध, सीरिया-लेबनान अभियान, ईरान का आंग्ल-सोवियत आक्रमण, इतालवी अभियान, मोंटे कसिनो की लड़ाई, हाँगकाँग का युद्ध, मलाया की लड़ाई, सिंगापुर की लड़ाई, बर्मा अभियान, कोहिमा की लड़ाई और इंफाल का युद्ध।

जर्मन और जापान युद्ध के दौरान भारतीय कैदियों से सैन्यबलों की भरती करने में अपेक्षाकृत सफल हुए। इन बलों को 'टाइगर लेजियन' और 'इंडियन नेशनल आर्मी' कहा जाता था। 'आजाद हिंद फौज' के नेता सुभाषचंद्र बोस ने 40,000 व्यक्तियों के साथ युद्ध का नेतृत्व किया। फरवरी 1942 में कुल 55,000 भारतीयों को मलेशिया और सिंगापुर में बंदी बनाकर लाया गया। इनमें से लगभग 30,000 लोग 'आजाद हिंद फौज' में शामिल हो गए। उस दौर के ये वे पहले ऐसे भारतीय सैनिक थे, जो भाड़े के सैनिक नहीं थे एवं जो अपनी मातृभूमि के लिए लड़े और जिन पर भारत को गर्व है!

हालाँकि ज्यादातर भारतीय सैनिकों ने इस तरह की भरती का विरोध किया। सिंगापुर और मलाया में पकड़े गए सैनिकों को श्रमिकों के रूप में न्यू गिनी के जापानी अधिकृत क्षेत्रों में लाया गया। इनमें से अधिकांश को भयंकर कठिनाइयों का सामना करना पड़ा। इसी प्रकार का अनुभव द्वितीय विश्वयुद्ध के दौरान जापान के अन्य कैदियों को भी करना पड़ा था। इनमें से लगभग 6000 जीवित बचे सैनिकों को 1943-45 में ऑस्ट्रेलिया और

अमेरिकी सैनिकों ने आजाद कराया। द्वितीय विश्वयुद्ध के दौरान 1942 के प्रारंभ में सिंगापुर के पतन के बाद अगस्त 1943 में दक्षिण-पूर्व एशिया कमांड के निर्माण तक, कुछ अमेरिकी और चीनी इकाइयों को 'ब्रिटिश सैन्य कमांड' के तहत रखा गया था।

□

द्वितीय विश्वयुद्ध के बाद स्थिति

निर्धारित भारत विरोधी ऐतिहासिक षड्यंत्र की योजना के अनुसार अंग्रेजों ने जाति और धर्म में भारत की जनता को बाँटकर अब भारत को स्वतंत्र करते समय भारत का भौगोलिक विभाजन भी किया। 1947 में देश को दो टुकड़ों में बाँटने के बाद आया सेना के विभाजन का समय। सेना और उसकी संपत्ति का दो-तिहाई हिस्सा भारतीय संघ को और एक-तिहाई हिस्सा पाकिस्तान को मिला। इनमें से चार 'गोरखा रेजीमेंट्स' को ब्रिटिश सेना में स्थानांतरित कर दिया गया। इससे 'गोरखा-ब्रिगेड' का निर्माण हुआ और उसे मलाया में नए स्टेशन पर नियुक्त कर दिया गया।

भारत में तैनात ब्रिटिश सैन्य इकाइयाँ मेजर जनरल लाश्मेर व्हिल्स्टर के अधीन संयुक्त राष्ट्र लौट गईं। 'सोमरसेट लाइट इन्फैंट्री' (पहली बटालियन) अंतिम ब्रिटिश सैन्य इकाई थी, जो 28 फरवरी, 1948 को भारत से वापस ब्रिटेन लौटी। वे अपने साथ जहाजों में भरकर सोना इंग्लैंड ले गए और दिखावे के तौर पर अधिकांश ब्रिटिश सैन्य इकाइयों के बेकार और पुराने उपकरण भारतीय सेना को उपहार में दे गए।

भारतीय सेना में शेष बचे अधिकांश मुसलिम सैन्यकर्मी नवनिर्मित पाकिस्तान की सेना में शामिल हो गए। अनुभवी अधिकारियों की कमी के कारण कई सौ ब्रिटिश अधिकारी अनुबंध पर पाकिस्तान में 1950 तक रहे। 1947 से 1948 तक, भारत के विभाजन के तुरंत बाद, दो नई सेनाओं ने कश्मीर का पहला युद्ध लड़ा। यहाँ से पाकिस्तान ने भारत के साथ ईर्ष्यापूर्ण प्रतिद्वंद्विता प्रारंभ कर दी, जो आज तक जारी है।

□

प्रथम भारत-पाक युद्ध

भारत का गौरव कश्मीर भी आंग्ल-षड्यंत्र का एक हिस्सा था। भारत-विभाजन के समय अंग्रेजों की बंदरबाँट की यह एक कुटिल चाल थी। कश्मीर राज्य को जान-बूझकर भारत और पाकिस्तान के बीच में बिना बाँटे छोड़ दिया गया, ताकि फसाद की यह जड़ दोनों ही देशों को लगातार झगड़े में उलझाए रखे और कमजोर करती रहे। 1947 में अंग्रेजों के भारत छोड़ने के पहले और बाद में जम्मू एवं कश्मीर की रियासत पर दोनों नए बने राष्ट्रों में से एक में विलय का भारी दबाव था। भारत के बँटवारे पर हुए समझौते के दस्तावेज के अनुसार रियासतों के राजाओं को दोनों में से एक राष्ट्र को चुनने का अधिकार था।

लेकिन कश्मीर के महाराजा हरी सिंह स्वयं राजा बने रहने के स्वार्थवश अपनी रियासत को स्वतंत्र रखना चाहते थे और उन्होंने किसी भी राष्ट्र से जुड़ने से बचना चाहा। लेकिन अंग्रेजों के भारत छोड़ने के बाद रियासत पर पाकिस्तानी सैनिकों और पश्तूनों के कबीलाई लड़ाकों (जो कि उत्तर-पश्चिमी सीमांत राज्य के थे) ने हमला कर दिया। महाराजा हरी सिंह ने कबाइलियों के भेष में लड़ रही पाकिस्तानी सेना से लड़ने के लिए भारत से सैनिक सहायता माँगी। भारत में जम्मू और कश्मीर के विलय की शर्त पर भारत ने सैनिक सहायता को मंजूरी दी। महाराजा के हामी भरने पर भारत ने इस विलय को मान्यता दे दी और रियासत को 'जम्मू-कश्मीर' के नाम से नया राज्य बना दिया। भारतीय सेना की टुकड़ियाँ तुरंत राज्य की रक्षा के लिए तैनात कर दी गईं। विलय की वैधता पर सवाल उठाते

हुए नाराज पाकिस्तान ने जम्मू-कश्मीर पर धावा बोल दिया।

यह युद्ध पूर्व जम्मू एवं कश्मीर रियासत की सीमाओं के भीतर भारतीय अर्धसैनिक बल और पूर्व जम्मू एवं कश्मीर रियासत की सेनाओं और पाकिस्तानी अर्धसैनिक बल और पाकिस्तान के उत्तर-पश्चिम सीमांत राज्य के कबीलाई लड़ाकों (जो खुद को आजाद कश्मीर की सेना के नाम से पुकारते थे) के बीच लड़ा गया। प्रारंभ में पूर्व जम्मू और कश्मीर रियासत की सेना आजाद कश्मीर के कबीलाई लड़ाकों के शुरुआती हमलों के लिए तैयार नहीं थी। इस दौरान महाराजा के जम्मू-कश्मीर रियासत के भारत में विलय करने में सहमति देते ही भारतीय सेना ने विमानों की मदद से सैनिक पहुँचाने का मौका दे दिया।

1947 के अंत तक कश्मीर पर कब्जा करने के पकिस्तानी अभियान की हवा निकल गई। केवल हिमालय के ऊपरी हिस्सों में आजाद कश्मीर नाम की पाकिस्तानी सेना को कुछ सफलताएँ मिलीं, पर आखिर में उन्हें लेह के बाहरी हिस्से से जून 1948 में वापस खदेड़ दिया गया। पूरे वर्ष 1948 के दौरान दोनों पक्षों के बीच कई छोटी लड़ाइयाँ हुईं और धीरे-धीरे एक सीमा, जिसे नियंत्रण रेखा के नाम से जाना जाता है, स्थापित हो गई। 31 दिसंबर, 1948 को औपचारिक युद्ध-विराम की घोषणा हो गई; किंतु शायद पाकिस्तानी हुक्मरान जानते थे कि युद्ध की यह कहानी यहीं खत्म नहीं होगी; क्योंकि भारत से उनकी नफरत और कश्मीर का लालच उन्हें शांति से बैठने नहीं देगा।

□

द्वितीय भारत-पाक युद्ध

इतिहास अपनी पुनरावृत्ति करता है। शायद यह मुहावरा पाकिस्तान के शासकों को अंतरराष्ट्रीय स्तर पर बहुत पसंद आया। पहले भारत-पाक युद्ध की तरह ही दूसरा भारत-पाक युद्ध भी उन्होंने अपने पड़ोसी यानी भारत पर थोपा। 5 अगस्त, 1965 को 26,000 से 30,000 के बीच पाकिस्तानी सैनिक कश्मीर की स्थानीय आबादी की वेशभूषा में धोखे से नियंत्रण रेखा को पार कर भारतीय कश्मीर में घुस आए। इसकी सूचना भारतीय सेना को स्थानीय लोगों द्वारा मिली। सेना तुरंत हरकत में आई और 15 अगस्त को भारतीय सेना ने घुसपैठियों का पीछा करते-करते नियंत्रण रेखा को भी पार कर लिया।

शुरुआत में भारतीय सेना को अच्छी सफलता मिली। उसने तोपखाने की मदद से तीन महत्त्वपूर्ण पहाड़ी ठिकानों पर कब्जा जमा लिया। भारत ने पाकिस्तान के कब्जेवाले कश्मीर में 8 किलोमीटर अंदर घुसकर हाजी पीर दर्रे पर कब्जा कर लिया। इस कब्जे से पाकिस्तानी सकते में आ गए। 'अभियान जिब्राल्टर' के घुसपैठिए सैनिकों का रास्ता भारतीयों के कब्जे में आ गया था और पाकिस्तानी अभियान विफल हो गया। यही नहीं, पाकिस्तान की सैन्य कमान को लगने लगा कि पाकिस्तानी कश्मीर का महत्त्वपूर्ण हिस्सा मुजफ्फराबाद अब भारतीयों के कब्जे में जाने ही वाला है। इसके बाद मुजफ्फराबाद पर दबाव कम करने के लिए पाकिस्तान ने एक नया अभियान ग्रैंड स्लैम शुरू किया। यह अभियान अधिक घातक था।

आमने-सामने आकर 1 सितंबर, 1965 को पाकिस्तान ने इस ग्रैंड

स्लैम अभियान के तहत सामरिक दृष्टि से महत्त्वपूर्ण शहर अखनूर, जम्मू और कश्मीर पर कब्जे के लिए आक्रमण कर दिया। इस अभियान का उद्देश्य कश्मीर घाटी का शेष भारत से संपर्क तोड़ने समेत भारतीय सेना को मिल रही रसद और संचार व्यवस्था भंग कर देना था। इस अभियान में पाकिस्तान को भारी संख्या में सैनिकों और बेहतर किस्म के टैंकों का लाभ मिल रहा था।

शुरुआत में भारत को भारी क्षति उठानी पड़ी, इस पर भारतीय सेना ने हवाई हमले का उपयोग किया। इसके जवाब में पाकिस्तान ने पंजाब और श्रीनगर के हवाई ठिकानों पर हमला कर दिया। इस अप्रत्याशित हमले के लिए भारतीय सेना तैयार नहीं थी। अखनूर के पाकिस्तानी सेना के हाथ में जाने से भारत के लिए कश्मीर घाटी में हार का खतरा पैदा हो सकता था, इसलिए पूरी समझदारी और पूर्ण दक्षता के साथ भारतीय सेना ने पलटवार किया, जो कामयाब रहा और पाकिस्तान का ऑपरेशन ग्रैंड स्लैम विफल हो गया।

पलटवार की इस भारतीय योजना के अंतर्गत भारतीय सेना ने 6 सितंबर को अंतरराष्ट्रीय सीमा रेखा पार कर पश्चिमी मोरचे पर हमला करके युद्ध की आधिकारिक शुरुआत कर दी। युद्ध के दौरान खेमकरण के पास पाकिस्तानी सेना के कब्जे से भारतीय सेना ने करीब 97 पैटन और शरमन टैंक छीन लिये। इसके बाद यह जगह अमेरिका में बने पैटर्न नाम के पाकिस्तानी टैंकों के ऊपर 'पैटन नगर', के नाम से जानी जाने लगी।

इस लड़ाई के बाद पाकिस्तान की शान माने जानेवाले 1 बख्तरबंद खंड ने 1965 के युद्ध में आगे भाग नहीं लिया। आँकड़ों के मुताबिक लड़ाई में भारतीय सेना के 3000 और पाकिस्तानी सेना के 3800 जवान मारे जा चुके थे। भारत ने युद्ध में 710 वर्ग किलोमीटर इलाके में और पाकिस्तान ने 210 वर्ग किलोमीटर इलाके में कब्जा कर लिया था। भारत के कब्जे में सियालकोट, लाहौर और कश्मीर के उपजाऊ इलाके थे। वहीं पाकिस्तान के कब्जे में सिंध और छंब के अनुपजाऊ इलाके थे।

□

भारत-चीन युद्ध

एक और पड़ोसी देश ने भारत को धोखा दिया। एक तरफ जहाँ चीन 'हिंदी-चीनी भाई-भाई' के नारे लगा रहा था, वहीं चीन हमारी जमीन पर नजरें जमाए बैठा था। भारत और चीन की सीमा पर विवाद नहीं था, पर जब पड़ोसी के मन में लालच आ जाए और वह आपकी जमीन हड़पने के मंसूबे बनाने लगे तो शांति नामक भावना की हत्या कभी भी हो सकती है। सन् 1962 में भारत और चीन सीमा विवाद बना दी गई और चीन द्वारा भी भारत पर एक युद्ध थोप दिया गया।

चीन में 1959 के 'तिब्बती विद्रोह' के बाद जब भारत ने दलाई लामा को शरण दी तो भारत-चीन सीमा पर हिंसक घटनाओं की एक श्रृंखला शुरू हो गई। शायद बौद्ध वोटों की अधिकतम प्राप्ति के लालच से भारतीय शासकों द्वारा यह भूल हुई। एक शक्तिशाली और विषैले पड़ोसी के घरेलू मामलों में इस तरह की दखलंदाजी का परिणाम तो भारत को भुगतना ही था। भारत ने फॉरवर्ड नीति के तहत 'मैकमोहन रेखा' से लगी सीमा पर अपनी सैनिक चौकियाँ रखीं, जो 1959 में चीनी प्रधानमंत्री झोउ एनलाई के द्वारा घोषित वास्तविक नियंत्रण रेखा के पूर्वी भाग के उत्तर में थीं।

चीनी सेना ने 20 अक्तूबर, 1962 को लद्दाख में और 'मैकमोहन रेखा' के पार एक साथ हमले शुरू किए। चीनी सेना दोनों मोरचों पर भारतीय बलों पर भारी साबित हुई और पश्चिमी क्षेत्र में चुशूल में रेजांग-

ला एवं पूर्व में तवांग पर कब्जा कर लिया। जब चीन ने 20 नवंबर, 1962 को युद्ध विराम और साथ ही विवादित क्षेत्र से अपनी वापसी की घोषणा की, तब युद्ध खत्म हो गया।

भारत-चीन युद्ध कठोर परिस्थितियों में हुई लड़ाई के लिए उल्लेखनीय है। इस युद्ध में ज्यादातर लड़ाई 4250 मीटर (14,000 फीट) से अधिक ऊँचाई पर लड़ी गई। युद्ध के बाद भारत ने फॉरवर्ड नीति को त्याग दिया और वास्तविक नियंत्रण रेखा वास्तविक सीमाओं में परिवर्तित हो गई।

युद्ध के बाद भारतीय सेना में व्यापक बदलाव किए गए और भविष्य में इसी तरह के संघर्ष के लिए तैयार रहने की जरूरत पर ध्यान दिया गया। युद्ध के बाद भारतीयों में देशभक्ति की लहर उठनी शुरू हो गई और युद्ध में शहीद हुए भारतीय सैनिकों के लिए कई स्मारक बनाए गए। भारतीय आम नागरिक और राजनीतिक नेतृत्व युद्ध को विश्वासघात के रूप में देखने लगा।

युद्ध के बाद उपजे हालात के कारण कई विवाद हुए। इसी हालात का फायदा उठाकर पाकिस्तान ने जम्मू और कश्मीर में घुसपैठ शुरू कर दी। इसकी परिणति अंततः 1965 में भारत के साथ दूसरे युद्ध से हुई। दो वर्ष बाद, 1967 में चोल घटना के रूप में चीनी और भारतीय सैनिकों के बीच एक छोटी सीमा झड़प हुई। इस घटना में आठ चीनी सैनिकों और 4 भारतीय सैनिकों की जानें गईं। किंतु सुयोग से यह झड़प किसी बड़े भीषण युद्ध की भूमिका नहीं बन सकी।

□

कारगिल युद्ध

यह एक ऐसा युद्ध था, जिसे भारतीय टेलीविजन मीडिया के सक्रिय सहयोग के कारण सारे देश में देखा, जाना और समझा गया। कहना चाहिए कि भारतीय स्वतंत्रता के बाद सर्वाधिक चर्चित युद्ध भारत की जनता के लिए कारगिल युद्ध ही था। पाकिस्तान ने अपनी ऐतिहासिक भूलों से सबक लेना नहीं सीखा और फिर एक बार भारत को युद्ध के लिए भड़काया। नुकसान हमेशा की तरह हारनेवाले का ही हुआ और पाकिस्तान को मुँह की खानी पड़ी।

सीधे-सीधे शब्दों में इसका सारांश एक पंक्ति में इस तरह प्रस्तुत किया जा सकता है कि कारगिल युद्ध भारत और पाकिस्तान के बीच मई और जुलाई 1999 के बीच कश्मीर के कारगिल जिले में हुए सशस्त्र संघर्ष का नाम है। हालाँकि इसे आधिकारिक रूप से पूर्ण युद्ध नहीं कहा गया, लेकिन यह इससे कम भी नहीं था।

हमेशा की तरह पाकिस्तानी सेना और कश्मीरी उग्रवादियों ने भारत और पाकिस्तान के बीच की नियंत्रण रेखा पार करके भारत की जमीन पर कब्जा करने की कोशिश की। पाकिस्तान ने दावा किया कि लड़नेवाले सभी कश्मीरी उग्रवादी हैं, लेकिन युद्ध में बरामद हुए दस्तावेजों और पाकिस्तानी नेताओं के बयानों से साबित हुआ कि पाकिस्तान की सेना प्रत्यक्ष रूप में इस युद्ध में शामिल थी।

भारतीय सेना और वायुसेना ने पाकिस्तान के कब्जेवाली जगहों पर हमला किया और धीरे-धीरे अंतरराष्ट्रीय सहयोग से पाकिस्तान को सीमापार वापस जाने को मजबूर किया। यह युद्ध ऊँचाईवाले इलाके पर हुआ। परमाणु क्षमता संपन्न होने के बाद भारत और पाकिस्तान के बीच हुआ यह पहला सशस्त्र संघर्ष था।

□

विजय-दिवस

ऑपरेशन विजय और कारगिल युद्ध, दोनों एक ही सिक्के के दो पहलू हैं। कारगिल युद्ध की समाप्ति के पश्चात् इसे नाम दिया गया 'विजय-दिवस' का, जाहिर है, जो इस युद्ध में भारत की विजय की स्मृति से जुड़ा है। भारतीय सेना ने इस युद्ध की चुनौती को 'ऑपरेशन विजय' का नाम दिया। युद्ध के दौरान भारतीय सेना के अनेक अधिकारियों और सैकड़ों सैनिकों को कुरबानी देनी पड़ी। इस युद्ध में पाकिस्तानी सैनिक भी बड़ी संख्या में हताहत हुए।

भारतीय सैनिकों ने विलक्षण वीरता का परिचय देते हुए पाकिस्तानी सैनिकों को चारों ओर से घेर लिया। कारगिल युद्ध में भारत को उनके सैनिकों की अदम्य वीरता और हौसले के कारण विजय मिली। पाकिस्तान को सामरिक महत्त्व की चोटियाँ खाली करनी पड़ीं। दो महीने से भी अधिक समय तक चले इस युद्ध में भारतीय थलसेना व वायुसेना ने लाइन ऑफ कंट्रोल को पार न करने के आदेश के बावजूद अपनी मातृभूमि में घुसे आक्रमणकारियों को मार भगाया था।

इस युद्ध में भारत के पाँच सौ से भी ज्यादा वीर योद्धा शहीद हुए और 1300 से ज्यादा घायल हो गए। इनमें से अधिकांश जवान अपने जीवन के 30 वसंत भी नहीं देख पाए थे। इन शहीदों ने भारतीय सेना की शौर्य व बलिदान की उस सर्वोच्च परंपरा का निर्वाह किया, तिरंगे के

समक्ष जिसकी सौगंध हर भारतीय सिपाही लेता है।

फरवरी 2009 में तत्कालीन प्रधानमंत्री नवाज शरीफ ने यह खुलासा किया कि कारगिल पर कब्जा करने की साजिश तत्कालीन राष्ट्रपति परवेज मुशर्रफ की थी। पाकिस्तान में इस युद्ध के कारण राजनीतिक और आर्थिक अस्थिरता बढ़ गई।

नवाज शरीफ की सरकार का तख्तापलट कर परवेज मुशर्रफ ने स्वयं को पाकिस्तान का राष्ट्रपति घोषित कर दिया। उन्होंने जनता द्वारा निर्वाचित सत्ता को बेदखल कर दिया। भारत में इस युद्ध के दौरान देशप्रेम का उबाल देखने को मिला और भारत की अर्थव्यवस्था को काफी मजबूती मिली। भारत सरकार ने रक्षा बजट और बढ़ा दिया।

□

भारतीय सेनाध्यक्ष

भारतीय सेना का इतिहास मूल रूप से तो स्वतंत्रता के पूर्व से चला आ रहा है। कई राज्यों और गणराज्यों में बँटा हुआ भारतवर्ष एक इकाई के रूप पहली बार अंग्रेजी हुकूमत के हाथों निर्मित हुआ, जिसे भारत नाम से एक देश के रूप देखा और जाना गया। इसके पहले 'आर्यावर्त' या 'भारतवर्ष' विश्व मानचित्र पर एक उपमहाद्वीप के भौगोलिक अस्तित्व का चित्र था। किंतु अंग्रेजी झंडे के नीचे इनका औपनिवेशिक गठबंधन भावी भारत के निर्माण का पहला कदम था।

भारत एक देश के रूप में अस्तित्व में आया इंडिया नाम से और यह देश था स्वतंत्रता के पूर्व का आंग्ल-भारत। 1947 के बाद से अर्थात् स्वतंत्रता-प्राप्ति के पश्चात् भारत एक राष्ट्र के नाम से विश्व-परिवार में प्रतिष्ठित हुआ।

भारतीय सेनाध्यक्षों की सूची

जनरल महाराज राजेंद्र सिंहजी	15 जनवरी, 1953—14 मई, 1955
जनरल एस.एम. श्रंगेश	15 मई, 1955—7 मई, 1957
लेफ्टिनेंट जनरल के.एस. थिमैया	8 मई, 1957—7 मई, 1961
जनरल पी.एन. थापर	8 मई, 1961—19 नवंबर, 1962
जनरल जे.एन. चौधरी	20 नवंबर, 1962—7 जून, 1966
जनरल पी.पी. कुमारमंगलम	8 जून, 1966—7 जून, 1969

जनरल एस.एच.एफ.जे. मानेकशॉ	8 जून, 1969—31 दिसंबर, 1972
फील्ड मार्शल एस.एच.एफ.जे. मानेकशॉ	1 जनवरी, 1973—15 जनवरी, 1973
जनरल जी.जी. बेवूर	16 जनवरी, 1973—31 मई, 1975
जनरल टी.एन. रैना	1 जून, 1975—31 मई, 1978
जनरल ओ.पी. मल्होत्रा	1 जून, 1978—31 मई, 1981
जनरल के.वी. कृष्णा राव	1 जून, 1981—31 जुलाई, 1983
जनरल ए.एस. वैद्य	1 अगस्त, 1983—31 जनवरी, 1985
जनरल के. सुंदरजी	1 फरवरी, 1986—30 अप्रैल, 1988
जनरल वी.एन. शर्मा	1 मई, 1988—30 जून, 1990
जनरल एस.एफ. रोड्रिगेज	1 जुलाई, 1990—30 जून, 1993
जनरल बी.सी. जोशी	1 जुलाई, 1993—18 नवंबर, 1994
जनरल एस. रॉय चौधरी	22 नवंबर, 1994—30 सितंबर, 1997
जनरल वी.पी. मलिक	1 अक्तूबर, 1997—30 सितंबर, 2000
जनरल एस. पद्मनाभन	1 अक्तूबर, 2000—31 दिसंबर, 2002
जनरल एन.सी. विज	31 दिसंबर, 2002—31जनवरी, 2005
जनरल जे.जे. सिंह	01 फरवरी, 2005—30 सितंबर, 2007
जनरल दीपक कपूर	30 सितंबर, 2007—30 मार्च, 2010
जनरल वी.के. सिंह	31 मार्च, 2010—31 मई, 2012
जनरल बिक्रम सिंह	01 जून, 2012—वर्तमान

इन सेनानायकों में 27 में से 25 सेना के जनरल रैंक पर विराजमान होकर सेना का निर्देशन करते रहे, किंतु शेष 2 सेनाध्यक्षों ने 'फील्ड मार्शल' के पद को सुशोभित करते हुए सेना की कमान सँभाली। यह जानने से पूर्व कि ये दो विशिष्ट सेनानायक कौन हैं, पहले यह जानना आवश्यक है कि 'फील्ड मार्शल' का पद क्या है! फील्ड मार्शल सेना का वह सर्वोच्च पद है, जो मूल रूप से सेनाध्यक्ष के पद से भी ऊपर है।

सेना के प्रति विशेष समर्पण और विशेष योगदानों के अभिनंदनस्वरूप यह पद प्रदान किया जाता है, जो अब तक केवल दो ही भारतीय सेनानायकों के नाम के साथ जुड़ा है और वे हैं—फील्ड मार्शल मानेकशॉ और फील्ड मार्शल करिअप्पा।

मानेकशॉ ने भारतीय सेना की जब प्रथम बार कमान सँभाली थी तो वे अन्यों की भाँति 'जनरल' ही थे, किंतु द्वितीय बार जब हम उन्हें सेनाध्यक्ष के पद पर देखते हैं, तब यह वह समय था, जब उन्हें फील्ड मार्शल का पारितोषिक इस देश ने प्रदान किया था। इन सभी सेनाध्यक्षों को सेनानायक कहें तो यह अधिक उपयुक्त होगा, क्योंकि ये देश के अन्य विभागों के अध्यक्ष नहीं, देश की सेना के अध्यक्ष हैं और इस रूप में वे सेना के नायक हैं तथा हमारे लिए भारतीय सेनानायक हैं।

हम अपने सैनिकों के बलिदान के बदले यदि उन्हें कुछ नहीं दे सकते तो कम-से-कम सम्मान तो दे ही सकते हैं और हृदय से धन्यवाद भी; क्योंकि उनके कारण ही आज हम अपने घरों में चैन से सोते हैं। देश के इन सेनानायकों का जीवन हमारे लिए भी एक प्रेरणा है कि उनके पदचिह्नों पर चलकर हम भी देश के काम आ सकते हैं और देश के वीरपुत्र कहला सकते हैं।

आइए, दृष्टि डालते हैं इन महान् भारतीय सेनाध्यक्षों की जीवनगाथा पर, और प्रारंभ करते हैं जनरल लोखार्ट से!

□

जनरल सर मैकग्रेगर मेकडोनाल्ड लोखार्ट

(सीइनसी— 15 अगस्त, 1947 से 31 दिसंबर, 1947)

केसीबी, सीइनसी, एमसी

संक्षिप्त जीवन-वृत्त

जन्म	:	1893
भारतीय सेना में कमीशन	:	1913 में (51 सिख फ्रंटियर फोर्स)
कमांड	:	दक्षिणी कमान, भारत
युद्ध	:	विश्वयुद्ध—प्रथम और द्वितीय
सेवा-अवधि	:	1913-1952 के बीच
निधन	:	88 वर्ष की आयु (1981) में

सम्मान और उपलब्धियाँ

1. नाइट कमांडर ऑफ द ऑर्डर ऑफ द बाथ, 2. कंपेनियन ऑफ द ऑर्डर ऑफ द इंडियन एंपायर, 3. मिलिट्री क्रॉस।

जनरल सर रॉबर्ट मैकग्रेगर मेकडोनाल्ड लोखार्ड का जन्म 23 जून, 1893 को हुआ था। 08 मार्च, 1914 को ब्रिटिश भारतीय सेना में 51

सिख फ्रंटियर फोर्स में शामिल हो गए। मार्च 1934 से लेकर दिसंबर 1935 तक उन्होंने काबुल के सैन्य अताशे के रूप में सेवा की। इसके बाद 20 दिसंबर, 1939 से 14 दिसंबर, 1941 तक भारत में डीएसडी के रूप में सेवाएँ दीं।

अप्रैल 1945 में उन्होंने दक्षिणी सेना की कमान सँभाली। जून 1947 में उन्होंने दक्षिणी सेना के 'जनरल ऑफिसर कमांडिंग इन चीफ' और 15 अगस्त, 1947 को जनरल सर मैकग्रेगर मेकडोनाल्ड लोखार्ट ने भारतीय सेना के चीफ कमांडर का पद-भार सँभाला। 1947 में सेवानिवृत्त हुए।

सेवानिवृत्ति के बाद

1951 और 1952 के बीच में मलाया आपातकाल के दौरान संचालन के निदेशक के रूप में बुलाया गया। 1951 से 1961 तक वे 'ब्वॉय स्काउट्स एसोसिएशन' में उपाध्यक्ष स्काउट रहे। 1953 से 1959 तक उन्होंने विश्व स्काउट संगठन के तहत आनेवाले 'स्काउट आंदोलन' की सेवा की।

1961 में स्काउटिंग के लिए की गई असाधारण सेवाओं के लिए 'विश्व स्काउट समिति' की ओर से वे 'कांस्य वुल्फ पुरस्कार' (Bronz Wolf Award) से सम्मानित किए गए।

□

जनरल सर फ्रांसिस रॉबर्ट रॉय बूचर

सीबी, ओबीई, एमसी (1895–1980)

संक्षिप्त जीवन-वृत्त

जन्म	:	31 अगस्त, 1895
भारतीय सेना में कमीशन	:	5 अगस्त, 1914
रैंक	:	जनरल
कमांड	:	1 जनवरी, 1948 से 15 जनवरी, 1949, बारहवीं कैवलरी (फ्रंटियर फोर्स), पूर्वी कमान (भारत), भारतीय सेना
युद्ध	:	विश्वयुद्ध—प्रथम और द्वितीय
सेवा-अवधि	:	1914 से 1949 तक

सम्मान और उपलब्धियाँ

1. नाइट कमांडर ऑफ द ऑर्डर ऑफ ब्रिटिश साम्राज्य
2. कंपेनियन ऑफ द ऑर्डर ऑफ द बाथ
3. मिलिट्री क्रॉस

जनरल सर फ्रांसिस रॉबर्ट रॉय बूचर का जन्म 31 अगस्त, 1895 को हुआ था। जनरल बूचर को एडिनबर्ग एकेडमी से पासआउट होने के बाद

5 अगस्त, 1914 को ब्रिटिश भारतीय सेना में कमीशन मिला। भारत में वे 55 कॉक्स राइफल्स में शामिल हुए। 1914 से 1915 तक फ्रांस में एक बटालियन कैमेरोनियंस के साथ प्रथम विश्वयुद्ध में अपनी सेवाएँ दीं। 15 नवंबर, 1916 को जनरल बूचर लेफ्टिनेंट के पद पर प्रोन्नत हुए।

1916 को जनरल बूचर का तबादला 31वें 'ड्यूक ऑफ कनॉट ऑन लांसर्स' (Duke of Connaughts On Lancers) में किया गया। 23 मई, 1917 को उन्हें कार्यकारी कैप्टन के रूप में प्रोन्नति मिली। अफगानिस्तान और वजीरिस्तान में तैनाती के दौरान 1 जनवरी, 1920 को उन्हें 'मिलिट्री क्रॉस' (एमसी) से सम्मानित किया गया। इसके बाद उन्होंने 1926 को केंबेरली (Camberley) स्थित स्टाफ कॉलेज में अपनी सेवाएँ दीं। 1930 को उन्होंने भारत में डेक्कन जिले में बतौर उप सहायक एडजुटेंट जनरल के रूप में अपनी सेवाएँ दीं।

15 अगस्त, 1932 को उन्होंने मेजर और 1 जुलाई, 1937 को लेफ्टिनेंट कर्नल का पदभार सँभाला। 1 नवंबर, 1939 को वे लेफ्टिनेंट कर्नल बने। सैम ब्राउन की फौज में बतौर कमांडेंट उन्होंने द्वितीय विश्वयुद्ध में हिस्सा लिया। तत्काल बाद 1941 को उन्होंने दिल्ली स्थित जीएचक्यू (GHQ) में सहायक एडजुटेंट जनरल के रूप में सेवाएँ दीं। इसके बाद उन्होंने बतौर सहायक क्वार्टर मास्टर जनरल के रूप में इराक में अपनी सेवाएँ दीं। 21 मार्च, 1942 को मेजर जनरल बूचर ने दक्षिण कमान के प्रशासक के तौर पर सेवाएँ दीं।

1 अगस्त, 1942 को उन्हें कर्नल बनाया गया। इसके बाद 21 मार्च, 1943 को अल्पकालीन मेजर जनरल के पद पर प्रोन्नत किए गए। 1945 के नववर्ष पर उन्हें 'ऑर्डर ऑफ द बाथ' (सीबी) से सम्मानित किया गया। 6 मई, 1945 को बूचर मेजर जनरल के पद पर प्रोन्नत किए गए।

1946 में बंगाल और असम क्षेत्र में बतौर 'जनरल ऑफिसर कमांडिंग' नियुक्त किए गए। 4 अगस्त, 1946 को वे लेफ्टिनेंट जनरल बने और 1948 को उन्होंने 'जनरल ऑफिसर कमांडिंग इन चीफ' के रूप में पूर्वी

कमान में पदभार सँभाला। इसके बाद आर्मी हेडक्वार्टर में 'चीफ ऑफ स्टाफ' नियुक्त किए गए।

31 दिसंबर, 1947 को उन्होंने भारतीय सेना के जनरल स्टाफ के प्रमुख और चीफ कमांडर का पदभार सँभाला। ब्रिटिश सम्राट के जन्मदिन पर 1948 को उन्हें 'नाइट कमांडर ऑफ द ऑर्डर ऑफ ब्रिटिश एंपायर, मिलिट्री डिवीजन' (केबीई) (Night Commander of the Order of the British Empire, Military Division (KBE) के सम्मान से सम्मानित गया।

9 अक्तूबर, 1949 को वे सेवानिवृत्त हो गए। 85 वर्ष की आयु में 1980 को जनरल सर फ्रांसिस रॉबर्ट रॉय बूचर का देहावसान हो गया।

□

फील्डमार्शल
कोदनदरा मदप्पा करियप्पा

ओबीई (29 दिसंबर, 1899 से 15 मई, 1993)

संक्षिप्त जीवन-वृत्त

जन्म	:	28 जनवरी, 1899
भारतीय सेना में कमीशन	:	1919
रैंक	:	फील्ड मार्शल
कमांड	:	1949
युद्ध	:	द्वितीय विश्वयुद्ध
सेवा-अवधि	:	1919 से 1953 तक

सम्मान और उपलब्धियाँ

1. 19 वर्ष की उम्र में सैन्य सेवा में कमीशन पानेवाले पहले भारतीय।
2. इंदौर के डेली कैडेट कॉलेज से पासआउट होनेवाले पहले भारतीय कैडेट।
3. पहले भारतीय ब्रिगेडियर।

4. इंग्लैंड स्थित इंपीरियल डिफेंस कॉलेज में प्रवेश करनेवाले पहले भारतीय।
5. क्वेटा स्थित स्टाफ कॉलेज में प्रवेश करनेवाले पहले भारतीय अधिकारी।
6. 1947 में मेजर जनरल बननेवाले पहले भारतीय अधिकारी।
7. आजाद भारत के पहले सैन्य प्रमुख।

आजादी के बाद सेना के लिए किए गए कार्य

- एक शाही सेना को राष्ट्रीय सेना के रूप में सफलतापूर्वक ढालना।
- अखिल भारतीय जातिगत संरचना के आधार पर गार्ड और पैराशूट रेजीमेंट की ब्रिगेड तैयार करना।
- नेशनल कैडेट कोर (एनसीसी) और प्रादेशिक सेना (टीए) का गठन।

फील्ड मार्शल कोदनदरा मदप्पा करियप्पा भारतीय सेना के पहले भारतीय चीफ ऑफ आर्मी स्टाफ (सेना प्रमुख) के तौर पर जाने जाते हैं। करियप्पा भारतीय सैन्य इतिहास में उन दो भारतीय अधिकारी में से एक हैं, जिन्हें फील्ड मार्शल की उपाधि मिली। उन्होंने 1949 में भारतीय सेना के कमांडर इन चीफ की कमान सँभाली।

फील्ड मार्शल कोदनदरा मदप्पा करियप्पा का जन्म 28 जनवरी, 1899 को अंग्रेजों के प्रशासित तत्कालीन कुर्ग में हुआ था। करियप्पा अपने जानकारों और रिश्तेदारों में 'चीमा' के नाम से जाने जाते थे। उनकी स्कूली शिक्षा मदीकेरी स्थित सेंट्रल हाई स्कूल में हुई और इसके बाद कॉलेज की शिक्षा के लिए मद्रास के प्रेसीडेंसी कॉलेज में दाखिला लिया।

कॉलेज के दिनों में करियप्पा पढ़ाई के साथ-साथ खेलों में भी आगे थे। किताबें, सांस्कृतिक गतिविधियों के साथ-साथ खेलों में हॉकी और टेनिस में उनकी मजबूत पकड़ थी। इसके अलावा उन्हें संगीत से भी गहरा लगाव था। 1919 में पहले विश्वयुद्ध की समाप्ति के बाद भारतीय राजनीतिक

नेताओं ने भी किंग कमीशन (तत्कालीन ब्रिटिश सैन्य सेवा में शामिल करने के लिए गठित आयोग) में भारतीयों को चुने जाने की माँग की। इसके बाद कठोर टेस्ट और स्क्रीनिंग के बाद ब्रिटिश शासित सैन्य सेवाओं के लिए करियप्पा का चुनाव हुआ। इंदौर में डेली कैडेट कॉलेज में किंग कमीशंड इंडियन ऑफिसर के पहले बैच में शामिल हो गए और मुंबई में कर्नाटक इन्फैंट्री में उन्हें अस्थायी कमीशन मिला।

1922 में उन्हें स्थायी कमीशन मिला। उसी समय मोहम्मद अकबर खान (विभाजन के बाद पाकिस्तान के सर्वोच्च रैंक पानेवाले सैन्य अधिकारी) को भी कमीशन मिला था। 1923 में फील्ड मार्शल करियप्पा को लेफ्टिनेंट और 1927 में कैप्टन के पद पर पदोन्नति मिली।

करियप्पा मेसोपोटामिया में 37 (प्रिंस ऑफ वेल्स) और डोगरा (वर्तमान इराक) में सेवा देने के बाद 2(टू) राजपूत लाइट इन्फैंट्री (रानी विक्टोरिया की खुद की) में तैनात किए गए। इसमें उन्होंने स्थायी तौर पर काम किया। 1933 में क्वेटा स्थित स्टाफ कॉलेज में सैन्य पाठ्यक्रम के लिए चयनित होनेवाले वे पहले भारतीय अधिकारी थे। 1946 में उन्हें फ्रंटियर ब्रिगेड समूह के ब्रिगेडियर के रूप में पदोन्नत किया गया।

करियप्पा ने 1941-1942 में इराक, सीरिया और ईरान में और इसके बाद 1943-1944 में बर्मा (म्याँमार) में सेवा की। करियप्पा ने अपने सैन्य-जीवन के कई वर्ष वजीरिस्तान में बिताए। उन्होंने (De-Mansion in Dispatch) D-मेंशन इन डिस्पैच हासिल किया और स्लिम के दसवीं डिवीजन में क्वार्टर मास्टर जनरल या स्टाफ ऑफिसर के रूप में काम किया। 1942 में किसी भी सैन्य यूनिट की कमान सँभालनेवाले वे पहले भारतीय अधिकारी थे। 26 डिवीजन में सेवा के दौरान जापानियों को बर्मा से खदेड़ने के लिए उन्हें 'ऑर्डर ऑफ ब्रिटिश एंपायर' (ओबीई) से सम्मानित किया गया।

फील्ड मार्शल करियप्पा युद्ध के उच्च प्रशिक्षण के लिए 1947 में ब्रिटेन के कंब्रेली स्थित इंपीरियल डिफेंस कॉलेज के लिए चयनित होनेवाले पहले भारतीय अधिकारी बने। भारत और पाकिस्तान के बीच विभाजन

के दौरान सेना और युद्ध सामग्री के बँटवारे के दौरान वह भारतीय अधिकारी दल के प्रभारी थे।

आजादी के बाद करियप्पा ने मेजर जनरल रैंक के डिप्टी चीफ ऑफ जनरल स्टाफ का पदभार सँभाला। लेफ्टिनेंट जनरल पद पर पदोन्नत होने के बाद वे पूर्वी सेना कमांडर बने। 1947 में पाकिस्तान के साथ युद्ध के दौरान उन्होंने बतौर जनरल ऑफिसर कमांडिंग इन चीफ, पश्चिमी कमान जोजिला, द्रास और कारगिल को फिर से पाने के लिए सफल सैन्य अभियान की कमान सँभाली तथा इन सेक्टरों को लेह के साथ फिर से जोड़ दिया।

फील्ड मार्शल के. एम. करियप्पा ने 15 जनवरी, 1949 को स्वतंत्र भारतीय सेना के पहले कमांडर इन चीफ का पदभार सँभाला। 1953 को वे सेवानिवृत्त हुए। इसके बाद उन्होंने 1956 तक ऑस्ट्रेलिया और न्यूजीलैंड के उच्चायुक्त के रूप में सेवा की।

1953 में भारतीय सेना से संन्यास लेने के बाद 1962, 1965 और 1971 के युद्ध के दौरान उन्होंने भारतीय सेना के मनोबल को बनाए रखने के लिए सीमावर्ती क्षेत्रों का दौरा किया।

फील्ड मार्शल करियप्पा ने विभिन्न देशों में सशस्त्र बलों के पुनर्गठन में सक्रिय रूप से हिस्सा लिया। तत्कालीन अमेरिकी राष्ट्रपति हैरी एस ट्रूमैन ने उन्हें 'Order of The Chief Commandar of the Legion of Merit' से सम्मानित किया। करियप्पा की अनुकरणीय सेवा के लिए राष्ट्र की कृतज्ञता की निशानी के रूप में भारत सरकार ने 1983 में उन्हें 'फील्ड मार्शल' के पद से सम्मानित किया। 15 मई, 1993 को 94 वर्ष की आयु में बंगलुरु में उन्होंने अपनी अंतिम साँस ली।

□

जनरल महाराज राजेंद्र सिंहजी जडेजा

(15 जून, 1899 से 01 जनवरी, 1964)

संक्षिप्त जीवन-वृत्त

जन्म	:	15 जून, 1899
भारतीय सेना में कमीशन	:	1921
कमांड	:	14 जनवरी, 1953
सेवा-अवधि	:	1955

रैंक

1. सेकेंड लेफ्टिनेंट, ब्रिटिश सेना (14 जुलाई, 1921)
2. लेफ्टिनेंट (14 अक्तूबर, 1923)
3. कैप्टन (14 जुलाई, 1929)
4. ब्रवेट मेजर (1 जनवरी, 1937)
5. मेजर (1 अगस्त, 1938)
6. कार्यकारी लेफ्टिनेंट कर्नल (29 नवंबर, 1943)
7. अस्थायी लेफ्टिनेंट कर्नल (29 फरवरी, 1944)
8. लेफ्टिनेंट कर्नल (7 जून, 1946)
9. ब्रिगेडियर (1946)
10. मेजर जनरल, भारतीय सेना (1947)

11. लेफ्टिनेंट जनरल, भारतीय सेना (1948)
12. जनरल, भारतीय सेना (15 जनवरी, 1953)

सम्मान और उपलब्धियाँ

1. भारत के पहले थल सेना अध्यक्ष बने
2. किंग जॉर्ज पंचम सिल्वर जुबली मेडल (1935)
3. किंग जॉर्ज सिक्स कोरोनेशन पदक (1937)
4. द्वितीय विश्वयुद्ध (1941) के दौरान डीएसओ से सम्मानित होनेवाले पहले भारतीय कमीशन अधिकारी
5. मेंशन इन डिस्पैच्ड (1941) Mension-In-Dispatched
6. भारत जनरल सेवा मेडल (1941)
7. 1939-1945 स्टार—फ्रीका स्टार, बर्मा (म्याँमार) स्टार।
8. रक्षा पदक (1945)
9. ब्रिटिश युद्ध पदक (1945)
10. भारतीय स्वतंत्रता पदक (1947)
11. ऑफिसर ऑफ द लेगन ऑफ मेरिट ऑफ द यूएसए (1948)

पारिवारिक जीवन

राजेंद्र सिंह का जन्म गुजरात के काठियावाड़ क्षेत्र के सरोदर क्षेत्र में 15 जून, 1899 को हुआ था। देवी सिंह जडेजा की वे तीसरी संतान थे। उनके परिवार का संबंध नवानगर रियासत (जामनगर) के राज परिवार से था। राजेंद्र सिंह के पिता देवी सिंह के. एस. रणजीत सिंह के बड़े भाई और के.एस. दिलीप सिंहजी के चाचा थे। इस राजघराने ने क्रिकेट की दुनिया में दो सितारे दिए। 1928 में राजेंद्र सिंह की शादी माया कुँवरबा (Maya Kunwarba) से हुई। दोनों की तीन संतानें हुईं। उनके बेटे महाराज सुखदेव सिंह की शादी मसूदा (Masooda) में राजपूताना राजकुमारी विजयलक्ष्मी मसूदा के साथ हुई। राजेंद्र सिंह की छोटी बेटी की शादी

खैरागढ़ रियासत के राजा साहिब से हुई थी। खैरागढ़ रियासत तत्कालीन मध्य प्रदेश और अब छत्तीसगढ़ में आती है। राजेंद्र सिंह की छोटी बेटी तत्कालीन लोकसभा की सदस्य और अपने संसदीय क्षेत्र की लोकप्रिय नेता थीं।

जनरल महाराज राजेंद्र सिंह डीएसओ जनरल महाराज कुमार सिंहजी जडेजा के नाम भी से जाने जाते हैं। 14 जनवरी, 1953 को भारतीय सेना के पहले थल सेनाध्यक्ष के रूप में उन्होंने कमान सँभाली। उनकी कॉलेज की शिक्षा राजेंद्र कॉलेज राजकोट (गुजरात) में हुई थी। इसके बाद 10 सितंबर, 1919 को उनका चयन सैंडहर्स्ट की रॉयल मिलिट्री एकेडमी (आरएमए) में हुआ। 1921 में उन्हें भारतीय सेना में कमीशन मिला।

1922 में उन्होंने सेकेंड लेफ्टिनेंट के रूप में सेकेंड लांसर को ज्वॉइन किया। ब्रिटिश भारतीय सेना में विभिन्न पदों पर रहते हुए उन्होंने द्वितीय विश्वयुद्ध में उल्लेखनीय योगदान दिया। 1945-46 में वाशिंगटन डीसी में सैन्य प्रतिनियुक्ति पर जानेवाले वे पहले भारतीय सैन्य अधिकारी बन गए।

14 जनवरी, 1953 को उन्होंने भारतीय सेना में कमांडर इन चीफ के पद को ग्रहण किया। आजाद भारत में देश के राष्ट्रपति को भारतीय सशस्त्र बलों का कमांडर इन चीफ का पद देने तक, जनरल महाराज सिंह 31 मार्च, 1955 तक इस पद पर बने रहे। बाद में उनके पद को बदलकर सेनाध्यक्ष कर दिया गया। इस तरह आजाद भारत के पहले सेनाध्यक्ष के रूप में भी जनरल महाराज कुमार सिंहजी जडेजा का नाम आता है।

1941 में स्क्वाड्रन कमांडर के रूप में अपनी रेजीमेंट के साथ वे उत्तर अफ्रीका गए। शुरुआती वर्षों में सेकेंड रॉयल लांसर तीसरी भारतीय मोटर ब्रिगेड के अधीन था। काररवाई के दौरान, उनकी ब्रिगेड इटली और जर्मन की बेहतर सेना से घिर गई थी। इसके बावजूद रणजीत सिंहजी ने बेहतरीन कौशल से न केवल अपनी रेजीमेंट का नेतृत्व किया बल्कि साठ युद्धबंदियों के साथ आधार शिविर लौट आए।

उनके साहसी नेतृत्व और निर्धारित काररवाई के लिए उन्हें 1941 में विशिष्ट सेवा ऑर्डर (डीएसओ) से सम्मानित किया गया। द्वितीय विश्वयुद्ध के दौरान यह सम्मान प्राप्त करनेवाले वे पहले भारतीय थे।

1947 में देश की आजादी और विभाजन के समय आंतरिक उथल-पुथल, सुरक्षा स्थिति, भारतीय सेना के विभाजन और रियासतों के एकीकरण से उत्पन्न होनेवाली कई महत्त्वपूर्ण सुरक्षा स्थितियों से निपटने के दौरान महाराज रणजीत सिंह ने विभिन्न जिम्मेदारियों का निर्वहन किया। भारतीय सेना के विभाजन के समय वरिष्ठ रैंकों पर तैनात ब्रिटिश अधिकारियों के साथ भारतीय अधिकारियों में प्रति स्थापना के दौरान उन्होंने समानुपातिकता से रैंक में तेजी से पदोन्नति प्राप्त की।

1946 में ब्रिगेडियर, 1947 में मेजर जनरल और 1948 में लेफ्टिनेंट जनरल के पद तक पहुँचे। जनरल ऑफिसर कमांडिंग (जीओसी) के रूप में उन्होंने दिल्ली और पूर्वी पंजाब (1947-48), जीओसी पूर्वी कमान (1948) और जीओसी दक्षिणी कमान (1948-1953) के रूप में काम किया।

बतौर जनरल ऑफिसर कमांडिंग (जीओसी) दक्षिणी कमान महाराज रणजीत सिंह की देख-रेख में हैदराबाद राज्य के विलय के लिए ऑपरेशन पोलो सफलतापूर्वक चलाया गया।

जनरल के.एम. करियप्पा (बाद में फील्ड मार्शल) की सेवानिवृत्ति के बाद सेना में सबसे वरिष्ठ सेवारत अधिकारी के रूप में 14 जनवरी, 1953 को जनरल महाराज राजेंद्र सिंहजी भारत के कमांडर इन चीफ नियुक्त किए गए। राजेंद्र सिंहजी को उसी दिन 'नरल' की उपाधि मिली। 01 अप्रैल, 1955 को देश के राष्ट्रपति संवैधानिक रूप से भारत के सशस्त्र बलों के कमांडर इन चीफ नामित किए गए। इसके बाद राजेंद्र सिंहजी भारत के पहले थल सेना अध्यक्ष बने।

आजादी के बाद भारत के पहले थल सेनाध्यक्ष की उपाधि धारण

करनेवाले राजेंद्र सिंहजी महाराज 14 मई, 1955 तक इस पद पर बने रहे। उनके बाद जनरल एसएम श्रीनागेश थल सेनाध्यक्ष बने। 01 जनवरी, 1964 को 75 वर्ष की आयु में जनरल महाराज राजेंद्र सिंहजी जडेजा का देहावसान हो गया।

□

जनरल सत्यवंत मल्लान्नह श्रीनागेश

(1903 से 1977)

संक्षिप्त जीवन-वृत्त

जन्म	:	1903 (कोल्हापुर)
भारतीय सेना में कमीशन	:	30 अगस्त, 1923 (कुमाऊँ रेजीमेंट)
कमांड	:	14 मई, 1955
युद्ध	:	द्वितीय विश्वयुद्ध एवं 1947-48 के बीच भारत-पाक युद्ध
सेवा-अवधि	:	1923-1957

सम्मान और उपलब्धियाँ

भारत के दूसरे थलसेना प्रमुख (14 मई, 1955—7 मई, 1957)

जनरल सत्यवंत मल्लान्नह श्रीनागेश ने 14 मई, 1955 को भारतीय थल सेना के तीसरे प्रमुख का पदभार सँभाला। उनका जन्म महाराष्ट्र के कोल्हापुर में 1903 में हुआ था। उनके पिता डॉ. श्रीनागेश मल्लान्नह तत्कालीन हैदराबाद के निजाम के निजी चिकित्सक थे। जनरल एसएम श्रीनागेश उनके सबसे बड़े बेटे थे। जनरल श्रीनागेश की शुरुआती पढ़ाई इंग्लैंड के पब्लिक स्कूल में हुई थी। इसके बाद उन्होंने 1921 में कैंब्रिज

विश्वविद्यालय में प्रवेश किया। उनकी पत्नी श्रीमती कुमारी श्रीनागेश थीं। उनके तीन बेटे और दो बेटियाँ हैं।

ब्रिटेन में सैंडहर्स्ट सैन्य अकादमी के लिए नामांकित होने वाले जनरल श्रीनागेश गिने-चुने भारतीयों में एक थे। 1923 में भारतीय सेना में अच्छे कैडेट के तौर पर उन्होंने क्वेटा कप जीता। इसके बाद 30 अगस्त, 1923 को उन्हें तत्कालीन हैदराबाद रेजीमेंट (वर्तमान में कुमाऊँ रेजीमेंट) में कमीशन मिला। उत्तरी स्टेफोर्डशायर रेजीमेंट में उन्होंने कुछ समय के लिए काम किया। इसके बाद उन्हें 2/1 मद्रास पॉयनियर्स में भेजा गया। 2/1 मद्रास पॉयनियर्स के भंग होने तक उन्होंने बर्मा (म्याँमार) में सेवाएँ दीं। 1933 में जनरल श्रीनागेश 4/19 हैदराबाद रेजीमेंट में शामिल हुए और सहायक सैन्य अधिकारी के रूप में सिंगापुर में सेवा की। दिसंबर 1939 में उन्हें बतौर प्रशिक्षक देहरादून स्थित भारतीय सैन्य अकादमी में नियुक्त किया गया।

7 दिसंबर, 1942 से 28 अगस्त, 1945 तक उन्होंने 6/19 हैदराबाद रेजीमेंट (वर्तमान में 6 कुमाऊँ) के कमांडिंग अफसर के रूप में सेवाएँ दीं। अगस्त 1945 में उन्हें 19 भारतीय (डग्गर) डिवीजन के चौंसठवीं भारतीय इन्फैंट्री ब्रिगेड के कमांडर के रूप में बर्मा में तैनाती मिली। 2 अक्तूबर, 1946 को जनरल श्रीनागेश आगरा में सेंटर कुमाऊँ रेजीमेंटल के पहले भारतीय कमांडेंट बने।

इस पद पर उन्होंने 12 दिसंबर, 1946 तक अपनी सेवाएँ दीं। इसके बाद द्वितीय विश्वयुद्ध के दौरान उन्हें जापान में 268 इन्फैंट्री ब्रिगेड ब्रिटिश राष्ट्रमंडल व्यवसाय बल का नेतृत्व करने के लिए चुना गया। इस पर उन्होंने 1947 तक काम किया। उन्होंने 1947 में बर्मा में बतौर ब्रिगेड कमांडर प्रसिद्ध लुशाई ब्रिगेड की कमान सँभाली। नवंबर 1945 में जनरल श्रीनागेश को भारतीय सैन्य मिशन के उप-प्रमुख के रूप में जर्मनी भेजा गया। इस दौरान उन्होंने आर्थिक सलाहकार और काउंसिल जर्मनी में भारतीय नागरिकों के हितों और युद्धबंदियों के लिए काम किया।

जापान से लौटने पर उन्हें मेजर जनरल के रूप में पदोन्नति मिली और मद्रास क्षेत्र के कमांडिंग जनरल ऑफिसर नियुक्त किए गए। जनवरी 1948 से वे सेना मुख्यालय में सहायक जनरल के रूप में तैनात हुए। इस पर उन्होंने मात्र अगस्त तक ही काम किया। इसके बाद उन्होंने 5वीं वाहिनी (बाद में 15वीं कोर के रूप में नामित) की कमान सँभाली।

1947-48 के भारत-पाक युद्ध के दौरान वे जम्मू व कश्मीर में तैनात फौज के कुल कमांडर नियुक्त किए गए। 1 जनवरी, 1949 को युद्धविराम होने तक वे इस पद पर बने रहे। इसके बाद 1950 में उन्हें लेफ्टिनेंट जनरल के पद पर पदोन्नत किया गया। 5 जनवरी, 1949 को उन्होंने बतौर जीओसी इन सी पश्चिमी कमान के रूप में काम किया। इसके बाद वे जीओसी इन सी दक्षिणी कमान के रूप में नियुक्त किए गए।

इसके बाद 14 मई, 1955 को जनरल सत्यवंत मल्लान्नह श्रीनागेश ने सेना प्रमुख का कार्यभार सँभाला। प्रतिष्ठित सैन्य सेवा के 34 साल पूरा करने के बाद 07 मई, 1957 को वे सेवानिवृत्त हुए।

सेवानिवृत्ति के बाद 1962 से 1964 तक आंध्र प्रदेश के राज्यपाल के रूप में और अंत में 1964 से 1965 तक मैसूर (कर्नाटक) और 1959 से 1962 तक असम के राज्यपाल के रूप में सेवा की। 1957 से 1959 तक उन्होंने हैदराबाद में प्रशासनिक स्टाफ कॉलेज के प्रधानाचार्य के रूप में काम किया। 27 दिसंबर, 1977 को उनका निधन हो गया।

□

जनरल कोदनदरा सुबैया थमैया

(डीएसओ)

संक्षिप्त जीवन-वृत्त

जन्म	:	30 मार्च, 1906
भारतीय सेना में कमीशन	:	1926 में (ब्रिटिश भारतीय सेना के हाईलैंड लाइट इन्फैंट्री)
कमांड	:	7 मई, 1957
युद्ध	:	दूसरा विश्वयुद्ध, 1947 भारत-पाक युद्ध
सेवा-अवधि	:	1926-1961

सम्मान और उपलब्धियाँ

1. भारत के तीसरे थल सेनाध्यक्ष।
2. मेंशन इन डिस्पैचिज और प्रतिष्ठित विशिष्ट सेवा आदेश (डीएसओ)
3. फिलीपींस में 'Keys To Manil' से सम्मानित।

पारिवारिक जीवन और शिक्षा

जनरल थमैया का जन्म कर्नाटक के एक धनी बागान मालिक के यहाँ 30 मार्च, 1906 को कोडागू जिले (कुर्ग) में हुआ था। जनरल थमैया भी उसी कोदनदरा जाति से संबंध रखते थे, जिस जाति के भारत के पहले कमांडर इन चीफ करियप्पा थे। उनकी माता का संबंध चेप्पूदरा चितुवा चेप्पूदरा परिवार से था, जिन्हें अपने परोपकारी योगदान के लिए 'केसर-ए-हिंद' की उपाधि मिली थी। जनरल थमैया के मामा सी.बी. पोनप्पा इंदौर स्कूल के पहले बैच से पास आउट कमीशन अधिकारी थे। उनके ही बैच के जनरल करियप्पा भी थे।

एक अच्छी शिक्षा के लिए उन्हें आठ वर्ष की उम्र में कुन्नूर में आयरिश भाइयों की ओर से चलाए जा रहे सेंट जोसफ कॉलेज में भेजा गया था। बाद में थमैया को बंगलौर (बंगलुरु) स्थित बिशप कॉटन बॉयज स्कूल में अध्ययन के लिए भेजा गया। स्कूल पूरा करने के बाद थमैय्या देहरादून स्थित प्रिंस ऑफ वेल्स इंडियन मिलिट्री कॉलेज (RICM) गए। इसी दौरान भारतीय सेना में शामिल उनके बड़े भाई पोनप्पा (बाद में वे आजाद हिंद फौज में शामिल हो गए) और उनके छोटे भाई सोमैया की मृत्यु कश्मीर ऑपरेशन के दौरान एक खदान दुर्घटना में हो गई।

प्रिंस ऑफ वेल्स इंडियन मिलिट्री कॉलेज से ग्रेजुएशन करने के बाद थमैया, जिन्हें 'टिम्मी' नाम से जाना जाता था, सैंडहर्स्ट स्थित रॉयल सैन्य अकादमी में आगे के प्रशिक्षण के लिए चयनित किए गए। जनरल थमैया इस प्रशिक्षण के लिए केवल छह भारतीय कैडेटों में से एक थे। इसके बाद 1926 में ब्रिटिश भारतीय सेना की हाईलैंड लाइट इन्फैंट्री में कमीशन मिला।

जल्द ही 4/19वीं हैदराबाद (1946 में नाम बदलकर कुमाऊँ रेजीमेंट रख दिया गया) रेजीमेंट में तैनात किया गया था। उत्तर पश्चिमी-सीमांत (वर्तमान पाकिस्तान) में उन्होंने अड़ियल पठान आदिवासियों से जूझते हुए अपना सैनिक प्रशिक्षण कौशल दिखाया।

द्वितीय विश्वयुद्ध से पहले उन्हें मद्रास में विश्वविद्यालय प्रशिक्षण

कोर में सहायक सैन्य अधिकारी के रूप में तैनात किया गया। द्वितीय विश्वयुद्ध छिड़ने से पहले ही तबीयत खराब होने की वजह से उन्हें 1939 में भारत वापस भेज दिया गया और हैदराबाद रेजीमेंटल सेंटर के डिप्टी कमांडर के रूप में तैनात किया गया। लेकिन युद्ध के दौरान उन्होंने एक कंपनी कमांडर, बटालियन कमांडर और ब्रिगेड कमांडर के रूप में बर्मा में जापानियों के खिलाफ अभियान में हिस्सा लिया।

इसके बाद जनरल थमैया को पाकिस्तान स्थित क्वेटा स्टाफ कॉलेज और 26 इन्फैंट्री डिवीजन में द्वितीय स्टाफ ऑफिसर के रूप में तैनात किया गया। इस दौरान उनकी इन्फैंट्री को द्वितीय विश्वयुद्ध के दौरान बर्मा में जापानी सेना का सामना करने के लिए जंगल युद्ध का प्रशिक्षण दिया गया।

बर्मा में उन्हें कमांडिंग अधिकारी के रूप में उनकी पुरानी बटालियन में तैनात किया गया। युद्ध में उन्होंने अपनी सेना का शानदार नेतृत्व किया। युद्ध के चरम पर पहुँचने के दौरान थोड़े समय के लिए उनकी बटालियन ने 3 कमान ब्रिगेड के ब्रिगेडियर सी.आर. हार्डी के अधीन काम किया। बटालियन का बहादुरी और उपलब्धि के साथ नेतृत्व करने के लिए जनरल थमैया को ब्रिगेडियर के रैंक पर पदोन्नत किया गया। इसके अलावा लड़ाई में उत्कृष्ट सेवा के लिए उन्हें मेंशन इन डिस्पैचिज और प्रतिष्ठित विशिष्ट सेवा आदेश (डीएसओ) से सम्मानित किया गया।

द्वितीय युद्ध में जनरल थमैया के पेशेवर और शानदार नेतृत्व की प्रशंसा तत्कालीन फील्ड मार्शल और भारतीय सेना के कमांडर इन चीफ सर क्लाउड ऑचनलेक (Sir Claud Auchinleck) ने भी की थी। द्वितीय विश्वयुद्ध के बाद उन्हें विशेष रूप से जापान में ब्रिटिश राष्ट्रमंडल बायो सेना के हिस्से के रूप में 268 भारतीय इन्फैंट्री ब्रिगेड का नेतृत्व करने के लिए चुना गया। एक स्वतंत्र ब्रिगेड के रूप में 268 भारतीय इन्फैंट्री ब्रिगेड ने बर्मा अभियान में उत्कृष्ट काम किया था।

'टिम्मी' (जनरल थमैया) ने एक उत्कृष्ट कमांडर के तौर पर अपनी

योग्यता सिद्ध की। उन्होंने दक्षिण-पश्चिम प्रशांत थिएटर और अन्य मित्र राष्ट्रों तथा परास्त जापानी सेना के सुप्रीम एलाइड कमांडर जनरल डगलस मैकआर्थर के साथ सौदा कर अपने कूटनीतिक कौशल का परिचय दिया।

उन्होंने फिलीपींस में जापानी सेना के समर्पण और सिंगापुर में जापानी सेना का पीछा करने तथा उसके आत्मसमर्पण के दौरान देश की सेना का प्रतिनिधित्व किया। सिंगापुर में जापानी सेना के आत्मसमर्पण के दौरान सैन्य समारोह में जनरल थमैया ने भारत की ओर से हस्ताक्षर किए। देश की आजादी के समय फील्ड मार्शल सर ऑचनलेक ने उन्हें 1947 में भारत वापस बुलाया।

देश के विभाजन के दौरान उन्हें भारत और पाकिस्तान के बीच हथियारों, उपकरणों और सैन्य बँटवारे के लिए गठित समिति का सदस्य बनाया गया। इसके तुरंत बाद उन्हें मेजर जनरल के पद पर पदोन्नत किया गया। इसके बाद उन्होंने चौथे इन्फैंट्री डिवीजन की कमान सँभाली। उनकी अगली नियुक्ति जम्मू एवं कश्मीर में 19वीं इन्फैंट्री डिवीजन में की गई। इस दौरान हमलावरों और कश्मीर घाटी से पाकिस्तान सेना को बाहर खदेड़ने का टास्क उन्होंने सफलतापूर्वक पूरा किया। शेख अब्दुल्ला, बख्शी गुलाम मोहम्मद और प्रधानमंत्री जवाहरलाल नेहरू के साथ उनके अच्छे संबंध बने।

जनरल थमैया उर्फ टिम्मी ने इसके बाद देहरादून स्थित भारतीय सैन्य अकादमी (आईएमए) के कमांडेंट के रूप में सेवा की। द्वितीय विश्वयुद्ध में हासिल अनुभव की वजह से उन्हें संयुक्त राष्ट्र की ओर से विशेष रूप से कोरिया तटस्थ राष्ट्र प्रत्यावर्तन आयोग के सदस्य के रूप में चुना गया।

चीन और कोरिया के बीच संवेदनशील और नाजुक विवाद को सुलझाने के लिए निष्पक्षता, दृढता और कूटनीति के माध्यम से उन्होंने इस जिम्मेदारी को सफलतापूर्वक निभाया। इसके बाद वे भारत लौट आए और दक्षिणी कमान के प्रमुख के रूप में सेवा की। 07 मई, 1957 को उन्होंने भारतीय

सेना के सेनाध्यक्ष के तौर पर कमान सँभाली। प्रतिष्ठित सैन्य सेवा के 35 साल पूरा करने के बाद 07 मई, 1961 को वे सेवानिवृत्त हुए।

भारतीय सेना से सेवानिवृत्त होने के बाद जुलाई 1964 में साइप्रस (UNFICYP) में संयुक्त राष्ट्र बलों के कमांडर के रूप में नियुक्त किए गए। दिसंबर 1965 में संयुक्त राष्ट्र बलों के कमांडर के कार्यकाल के दौरान उनका निधन हो गया।

□

जनरल प्राणनाथ थापर

(23 मई, 1906 से 23 जून, 1975)

संक्षिप्त जीवन-वृत्त

जन्म	:	8 मई, 1906
भारतीय सेना में कमीशन	:	1926 में (1 पंजाब रेजीमेंट में)
कमांड	:	07 मई, 1961
युद्ध	:	द्वितीय विश्वयुद्ध एवं 1962 का भारत-चीन युद्ध
सेवा-अवधि	:	1926–1962

पारिवारिक पृष्ठभूमि

जनरल प्राणनाथ थापर का जन्म 8 मई, 1906 को पंजाब के प्रतिष्ठित पंजाबी परिवार में हुआ था। उनके पिता का नाम दीवान बहादुर कुंज बिहारी थापर था। प्रख्यात साहित्यकार और लेखक रोमिला थापर उनकी भतीजी और वन्य संरक्षण तथा बाघ विशेषज्ञ वाल्मीकि थापर उनके भतीजे थे। मार्च 1936 को वे बिमला वशीराम के साथ शादी के बंधन में बँधे। जनरल थापर की पत्नी बिमला वशीराम राय बहादुर वशीराम सहगल की बड़ी बेटी और राय बहादुर रामशरण दास की पोती थीं।

बिमला थापर के भाई का नाम गौतम सहगल था, जिनकी पत्नी नयनतारा सहगल प्रख्यात विजयलक्ष्मी पंडित की बेटी और प्रधानमंत्री पंडित जवाहरलाल नेहरू की भानजी थीं। जनरल थापर चार बच्चों के पिता थे। इनमें से एक करण थापर ने विख्यात पत्रकार के रूप में ख्याति अर्जित की।

जीवन और कॅरियर

07 मई, 1961 को जनरल प्राणनाथ थापर ने पाँचवें थल सेनाध्यक्ष के रूप में भारतीय सेना की कमान सँभाली। उनका जन्म 10 जून, 1908 को हुआ। गवर्नमेंट कॉलेज, लाहौर से उन्होंने शिक्षा ग्रहण की। रॉयल सैन्य अकादमी, सैंडहर्स्ट से पास आउट होने के बाद 1926 में 1 पंजाब रेजीमेंट में कमीशन मिला। 1 पंजाब रेजीमेंट में एक रेजीमेंट अधिकारी के रूप में उन्होंने दस साल व्यतीत किए। इसके बाद स्टाफ कोर्स (सैन्य प्रशिक्षण) के लिए क्वेटा (पाकिस्तान) और इंग्लैंड के माइनली मनोर में समय बिताया।

द्वितीय विश्वयुद्ध के दौरान 1941 में थापर का कार्यकाल बर्मा (म्याँमार), मध्य-पूर्व और इटली में रहा। 1945 में उन्हें सेना हेडक्वार्टर में सहायक सैन्य सचिव के रूप में नियुक्त किया गया। बाद में सेना के पुनर्गठन समिति के सदस्य के रूप में उन्होंने अपनी सेवाएँ दीं। द्वितीय विश्वयुद्ध के दौरान 1945 में जापान पर जीत के तुरंत बाद इंडोनेशिया में समस्याएँ होने पर उन्हें उनकी पैरेंट कंपनी, 1 पंजाब रेजीमेंट की कमान सौंपकर इंडोनेशिया भेजा गया। कुछ समय बाद उन्होंने ईस्ट बंगाल में 161 भारतीय इन्फेंट्री ब्रिगेड की कमान सँभाली।

देश विभाजन और इसके बाद देश में कई जगहों पर सांप्रदायिक दंगों के दौरान जनरल थापर ने अगस्त 1947 से दिसंबर 1947 तक सेना मुख्यालय में बतौर सैन्य अभियान और खुफिया निदेशक के रूप में काम किया। नवंबर 1947 में उन्हें मेजर जनरल पद पर पदोन्नति दी गई। कुछ

समय के लिए थापर ने जनरल स्टाफ के प्रमुख के रूप में काम किया। कुछ महीनों के बाद उन्होंने बतौर सैन्य सचिव अगस्त 1949 तक काम किया। अगस्त 1949 से अप्रैल 1950 तक उन्होंने आयुध के मास्टर जनरल के रूप में काम किया। 18 जुलाई, 1949 से 20 जुलाई, 1963 तक उन्होंने राजपूताना राइफल्स के कर्नल के रूप में सेवाएँ दीं।

जनरल थापर ने चार वर्षों तक इन्फैंट्री डिवीजन की कमान सँभाली। इसके बाद 1954 में उन्हें लेफ्टिनेंट जनरल के पद पर पदोन्नत किया गया। वे इस पद पर दिसंबर 1955 तक बने रहे। लंदन में इंपीरियल डिफेंस कॉलेज में एक पाठ्यक्रम में भाग लेने के लिए उन्हें चुना गया। जनवरी से दिसंबर 1956 तक इस पाठ्यक्रम के सफल समापन के बाद उन्हें जनरल ऑफिसर कमांडिंग इन चीफ, दक्षिणी कमान के रूप में नियुक्त किया गया। बाद में 25 मई, 1959 को उन्होंने जनरल ऑफिसर कमांडिंग इन चीफ, पश्चिमी कमान के रूप में पदभार सँभाल लिया।

जनरल थापर एक प्रतिष्ठित परिवार से ताल्लुक रखते थे। जनरल थापर ने अपने 35 वर्षों के कार्यकाल के दौरान विभिन्न मोरचों पर प्राप्त अनुभव और ज्ञान को इस्तेमाल किया। 1962 के भारत–चीन युद्ध में देश की पराजय के बाद 19 नवंबर, 1962 को उनपर भारतीय सेना से इस्तीफा देने का दबाव डाला गया। वे एक बेहतरीन टेनिस और गोल्फ खिलाड़ी रह चुके हैं। एक समय वे रक्षा सेवा में टेनिस चैंपियन थे। सेना से सेवानिवृत्ति के बाद वे अगस्त 1964 से अफगानिस्तान में भारत के राजदूत के रूप में नियुक्त किए गए। वे इस पद पर 01 जनवरी, 1969 तक बने रहे। 69 साल की आयु में 23 जनवरी, 1975 को उनका निधन हो गया।

□

जनरल जोयंतो नाथ चौधरी

संक्षिप्त जीवन-वृत्त

जन्म	: 10 जून, 1908
भारतीय सेना में कमीशन	: फरवरी 1928 में (7वीं लाइट कैवलरी में)
कमांड	: 19 नवंबर, 1962
युद्ध	: द्वितीय विश्वयुद्ध
सेवा-अवधि	: 1928-1966

सम्मान और उपलब्धियाँ

1. ब्रिटिश एंपायर (ओबीई)
2. पद्म विभूषण
   (देश का दूसरा सर्वोच्च नागरिक सम्मान)

जनरल जोयंतो नाथ चौधरी ने 19 नवंबर, 1962 को थलसेना के पाँचवें प्रमुख के रूप में भारतीय सेना का प्रभार ग्रहण किया। 10 जून, 1908 में उनका जन्म हुआ। उन्होंने कलकत्ता के सेंट जेवियर्स कॉलेज में और बाद में लंदन में हाईगेट स्कूल में अपनी शिक्षा प्राप्त की। 1926 में सैंडहर्स्ट में रॉयल मिलिट्री कॉलेज में उनका चयन हुआ।

फरवरी 1928 में उन्हें भारतीय सेना में कमीशन मिला और बाद में 7वीं लाइट कैवलरी में शामिल हो गए। 1940 में 5वीं भारतीय डिवीजन के साथ उन्हें विदेश भेजा गया। इस दौरान उन्होंने सूडान, इरीट्रिया, हबश (वर्तमान इथोपिया) और अफ्रीका के पश्चिमी रेगिस्तान में अपनी सेवाएँ दीं। दो वर्ष में ही वे कैप्टन से लेफ्टिनेंट कर्नल बन गए। द्वितीय विश्वयुद्ध के दौरान वे इतालवी नियंत्रित पूर्वी अफ्रीका में इतालवी बलों के समर्पण के समय मौजूद रहे। इस लड़ाई में उल्लेखनीय सेवाओं के लिए उन्हें ब्रिटिश एंपायर (ओबीई) ने सम्मानित किया।

जोयंतो नाथ चौधरी को इसके बाद ब्रिटेन से वापस भारत बुलाया गया। उन्हें क्वेटा (वर्तमान पाकिस्तान) में ब्रिटिश स्टाफ कॉलेज में वरिष्ठ प्रशिक्षक के रूप में नियुक्त किया गया। 1941 में बर्मा में लड़ाई छिड़ने के बाद उन्हें भारतीय बख्तरबंद कोर की एक रेजीमेंट का नेतृत्व करने के लिए 3,000 मील की यात्रा करनी पड़ी। उनके नेतृत्व में भारतीय सेना ने रंगून की लड़ाई में जीत हासिल की। इसके बाद 1946 में उन्हें अपनी रेजीमेंट के साथ जावा इंडोनेशिया में अपनी सेवाएँ देनी पड़ीं। इसी दौरान उन्हें ब्रिगेडियर के रैंक में पदोन्नति देकर मलाया (वर्तमान मलयेशिया) भेजा गया। वर्ष 1946 में लंदन में भारतीय विजय सैन्य टुकड़ी के लिए उनका चयन किया गया।

1947 में इंग्लैंड में इंपीरियल डिफेंस कॉलेज में एक पाठ्यक्रम के बाद वे भारत लौट आए। वापस लौटने के बाद उन्हें सेना मुख्यालय, नई दिल्ली में बतौर सैन्य अभियान और खुफिया निदेशक नियुक्त किया गया।

फरवरी 1948 में वे मेजर जनरल के पद पर पदोन्नत हुए। मई 1948 में उन्होंने 1 बख्तरबंद डिवीजन की कमान अपने हाथ में ली। इस डिवीजन ने हैदराबाद ऑपरेशन में महत्त्वपूर्ण भूमिका निभाई। वर्ष 1948 में 'ऑपरेशन पोलो' के बाद मुखर्जी ने बतौर सैन्य गवर्नर और उस्मानिया विश्वविद्यालय के कुलाधिपति तथा डेक्कन एयरवेज के अध्यक्ष के रूप में हैदराबाद में काम किया। इसके बाद वे विभिन्न महत्त्वपूर्ण सैन्य पदों पर रहे। इस

दौरान उन्होंने भारतीय सैन्य प्रतिनिधि मंडल का नेतृत्व करते हुए चीन का दौरा किया।

1949 में वे इलेक्ट्रिकल और मेकैनिकल इंजीनियर्स के पहले कर्नल कमांडेंट के रूप में नियुक्त किए गए। जनवरी 1952 में उन्होंने सेना मुख्यालय, एडजुटेंट जनरल के रूप में और जनवरी 1953 में फिर से जनरल स्टाफ के प्रमुख के रूप में पदभार सँभाला।

19 नवंबर, 1962 में वे जनरल के पद पर पदोन्नत हुए और आर्मी स्टाफ (सीओएएस) के प्रमुख के रूप में पदभार सँभाला। इसी दौरान पश्चिमी संगीत को बढ़ावा देने के लिए नई दिल्ली में सिंफनी सोसाइटी की स्थापना की और इसके चेयरमैन बने। प्रतिष्ठित सैन्य सेवा के 38 साल पूरे करने के बाद, 07 जून, 1966 को जोयंतो नाथ चौधरी सेवानिवृत्त हुए।

देशसेवा में उल्लेखनीय योगदान के लिए वे देश के दूसरे सर्वोच्च नागरिक सम्मान 'पद्म विभूषण' सम्मानित किए गए। सेना से सेवानिवृत्त होने के डेढ़ महीने बाद 19 जुलाई, 1966 को उन्होंने कनाडा में भारतीय उच्चायुक्त के रूप में पदभार ग्रहण किया।

एक प्रतिष्ठित सैन्यकर्मी होने के अलावा उन्होंने एक लेखक और साहित्यिक आलोचक के रूप में अपनी प्रतिभा का प्रदर्शन किया। सेना के विषयों पर आधारित उन्होंने दो पुस्तकें लिखी हैं और भारत के प्रमुख अखबारों में से एक के लिए सैन्य संवाददाता और साहित्यिक आलोचक के रूप में भी काम किया। 75 वर्ष की आयु में 06 अप्रैल, 1983 को उनका निधन हो गया।

पारिवारिक पृष्ठभूमि

जनरल चौधरी प्रतिष्ठित बंगाली घराने से ताल्लुक रखते हैं। उनके परिवार में कई नामी वकील और लेखक हुए हैं। उनके चाचा प्रमाथा चौधरी की शादी नोबेल पुरस्कार विजेता कवि रवींद्रनाथ टैगोर की भतीजी

से हुई थी। जनरल चौधरी की माँ प्रमिला भारतीय राष्ट्रीय कांग्रेस के पहले अध्यक्ष व्योमकेश बनर्जी की बेटी थीं। जनरल चौधरी शादीशुदा और दो बच्चों के पिता थे।

□

जनरल परमाशिवा प्रभाकर कुमारमंगलम

(पी.वी., डीएसओ, एमबीई)

संक्षिप्त जीवन-वृत्त

जन्म	:	1 जुलाई, 1913
भारतीय सेना में कमीशन	:	29 अगस्त, 1933 में (आर्टिलरी रेजीमेंट)
कमांड	:	8 जून, 1966
युद्ध	:	द्वितीय विश्वयुद्ध भारत–पाकिस्तान युद्ध (1965)
सेवा-अवधि	:	1933–1969

सम्मान और उपलब्धियाँ

1. ऑर्डर ऑफ ब्रिटिश अंपायर (1946)
2. पद्म विभूषण (1970)
3. देश के थल सेनाध्यक्ष बननेवाले पहले भारतीय गनर अधिकारी और पैराट्रूपर।

जनरल परमाशिवा प्रभाकर कुमारमंगलम अर्थात् जनरल पी.पी. कुमारमंगलम का जन्म 1 जुलाई, 1913 को हुआ था। 29 अगस्त, 1933 में उन्हें आर्टिलरी रेजीमेंट में कमीशन मिला। आर्टिलरी रेजीमेंट में कमीशन पानेवाले वे दूसरे भारतीय अधिकारी थे। 8 जून, 1966 को उन्होंने छठे थल सेनाध्यक्ष के रूप में कमान सँभाली।

शिक्षा और दीक्षा

जनरल पी.पी. कुमारमंगलम ने तमिलनाडु के कुमारमंगलम के जमींदार परिवार और तत्कालीन मद्रास प्रेसीडेंसी के पूर्व मुख्यमंत्री डॉ. पी. सुब्बा रायन के घर जन्म लिया था। ईटन कॉलेज में उन्होंने माध्यमिक शिक्षा ली और इंग्लैंड में रॉयल सैन्य अकादमी, वूलविच से स्नातक किया।

सैन्य जीवन

द्वितीय विश्वयुद्ध के दौरान 27 मई, 1942 को बतौर मेजर लीबिया में असाधारण शौर्य दिखाने के लिए उन्हें विशिष्ट सेवा के आदेश & G6 (Distinguished Service Order–DSO) से सम्मानित किया गया। 1942 में इटली में युद्ध के दौरान उन्हें युद्ध बंदी बना लिया गया, लेकिन वे बच गए। जर्मनी में वे फिर से युद्धबंदी बना लिये गए। इस बार उन्हें जर्मनी से 160 किलोमीटर दूर पोलैंड में बनाए गए अति सुरक्षित युद्धबंदी शिविर में स्थानांतरित कर दिया गया। 1945 में विश्वयुद्ध खत्म होने के बाद वे भारत लौट आए। 1946 में उन्हें ऑर्डर ऑफ ब्रिटिश अंपायर (Order of The British Empire) से सम्मानित किए गए। 1948 में वे ब्रिगेडियर बने।

जनरल कुमारमंगलम ने आर्टिलरी रेजीमेंट में बतौर सीनियर कर्नल कमांडेंट के रूप में 5 जुलाई, 1959 से 4 जुलाई, 1969 और 5 जुलाई, 1969 तक काम किया। इसके अलावा उन्होंने 5 जुलाई, 1969 से 30 जून, 1975 तक अवैतनिक (सम्माननीय) कर्नल कमांडेंट के रूप में काम किया।

मई 1963 में जनरल कुमारमंगलम पूर्वी कमान के 'जनरल ऑफिसर

कमांडिंग इन चीफ' नियुक्त किए गए। नवंबर 1964 में उन्हें आर्मी स्टाफ का उप प्रमुख नियुक्त किया गया था और 15 जनवरी, 1965 को वे आर्मी स्टाफ के वाइस चीफ बने। जनरल पी.पी. कुमारमंगलम ने 8 जून, 1966 को देश के थल सेनाध्यक्ष का पदभार सँभाला। इस प्रतिष्ठित पद को पानेवाले वे पहले भारतीय गनर अधिकारी और पैराट्रूपर थे। सेनाध्यक्ष के रूप में जनरल कुमारमंगलम ने 1965 के भारत-पाक युद्ध से सबक सीखकर भारतीय सेना का पुनर्गठन किया। इस दौरान उन्होंने हथियार, प्रशिक्षण, युद्ध रणनीति और सेना का आधुनिकीकरण किया। सेना में शानदार 36 वर्ष के कॅरियर के बाद वे 7 जून, 1969 को सेवानिवृत्त हो गए। 1970 में उनकी सेवाओं के लिए उन्हें 'पद्म विभूषण' से सम्मानित किया गया।

सेना से अलग

जनरल कुमारमंगलम एक अच्छे क्रिकेटर, घुड़सवार, शो जंपर और एक शौकीन पोलो खिलाड़ी रहे। जनरल पी.पी. कुमारमंगलम एमसीसी के सदस्य समेत 'रॉयल बागवानी सोसाइटी' के फेलो, 'भारतीय पोलो संघ' और भारत के 'इक्वेस्ट्रियन (घुड़सवार) फेडरेशन' के अध्यक्ष भी रहे। 13 मार्च, 2000 को पद्म विभूषण जनरल परमाशिवा प्रभाकर कुमारमंगलम का निधन हो गया।

□

फील्ड मार्शल सैम मानेकशॉ

(सैम होमसजी फ्रेमजी जमशेदजी)

संक्षिप्त जीवन-वृत्त

उपनाम	:	सैम बहादुर
जन्म	:	3 अप्रैल, 1914
भारतीय सेना में कमीशन	:	1934
कमांड	:	07 जून, 1969
रैंक	:	फील्ड मार्शल
युद्ध	:	द्वितीय विश्वयुद्ध, 1947 में भारत-पाक युद्ध, 1962 में भारत-चीन युद्ध 1965 में भारत-पाकिस्तान युद्ध, 1971 का बँगलादेश-मुक्ति युद्ध
सेवा-अवधि	:	1934 -1973

सम्मान और उपलब्धियाँ

1. पद्म विभूषण
2. पद्म भूषण
3. मिलिट्री क्रॉस

सेना प्रमुख के रूप में उनकी प्रमुख उपलब्धियाँ

1971 में बँगलादेश-मुक्ति युद्ध में सेना का नेतृत्व, पाकिस्तान के खिलाफ एक सुनियोजित एवं ऑपरेशन का संचालन, कुशल रणनीतिकार और युद्ध कौशल के माहिर, 1971 में पाकिस्तान के साथ हुए युद्ध में 90000 पाक सैनिकों को आत्मसमर्पण के लिए मजबूर करना।

जीवन-परिचय

फील्ड मार्शल सैम मानेकशॉ ने 7 जून, 1969 को थलसेना के आठवें प्रमुख के रूप में पदभार ग्रहण किया। उनका जन्म 3 अप्रैल, 1914 को पंजाब के अमृतसर में हुआ। उनकी स्कूली शिक्षा अमृतसर और नैनीताल के प्रतिष्ठित 'शेरवुड कॉलेज' में हुई। वे 1 अक्तूबर, 1932 को देहरादून के भारतीय सैन्य अकादमी (आईएमए) में 40 कैडेटों के पहले बैच में शामिल हुए। 1934 में यहाँ से शिक्षण-प्रशिक्षण पूरा करने के बाद उन्हें भारतीय सेना में सेकेंड लेफ्टिनेंट के रूप में कमीशन मिला। अपने कार्यकाल के दौरान उन्होंने कई महत्त्वपूर्ण पदों पर रहते हुए कुशल युद्ध रणनीति कौशल का परिचय दिया। अपनी सूझ-बूझ और कुशल नेतृत्व क्षमता के कारण उन्होंने सदैव भारत और भारतीय सेना का गौरव बढ़ाया।

द्वितीय विश्वयुद्ध के दौरान उन्होंने सितांग नदी पर 'बर्मा अभियान' की काररवाई में हिस्सा लिया और लड़ाई के मोरचे पर बहादुरी के लिए उन्हें सम्मानित किया गया। यह उनके लिए बड़े गौरव की बात रही। द्वितीय विश्वयुद्ध के दौरान उन्होंने बर्मा में हमलावर जापानी सेना के खिलाफ जमकर लोहा लिया। इसके बाद मानेकशॉ पाकिस्तान स्थित स्टाफ कॉलेज, क्वेटा में सैन्य कोर्स के लिए चले गए। इसके बाद जनरल (बाद में फील्ड मार्शल) स्लिम के 14वें सेना के तहत बर्मा में '12 फ्रंटियर फोर्स राइफल्स' में शामिल हुए।

उन्हें एक बार फिर से जापानियों के साथ भीषण लड़ाई में शामिल किया गया। जापानी सेना के आत्मसमर्पण के बाद उन्होंने दस हजार से

अधिक युद्धबंदियों के पुनर्वास में मदद की। द्वितीय विश्वयुद्ध की समाप्ति के बाद मानेकशॉ को भारत की ओर से चीन में जनरल डेजी के स्टाफ ऑफिसर के रूप में भेजा गया। इसके बाद 1946 में उन्हें ऑस्ट्रेलिया में छह माह के व्याख्यान दौरे पर भेजा गया। वहाँ से वापस लौटने के बाद उनकी नई दिल्ली में सेना मुख्यालय में सैन्य अभियान निदेशालय में एक प्रथम ग्रेड कर्मचारी अधिकारी के रूप में तैनाती की गई।

मानेकशॉ ने 1947 में विभाजन से संबंधित मुद्दों से निपटने, योजना बनाने और उसके कार्यान्वयन में अहम भूमिका निभाई। इसके बाद 1947 से 1948 तक जम्मू एवं कश्मीर के युद्ध संचालन के दौरान अपने युद्ध कौशल का परिचय दिया। एक इन्फैंट्री ब्रिगेड की कमान सँभालने के बाद वे इन्फैंट्री स्कूल के कमांडेंट के पद पर तैनात हुए। इसके बाद 8 गोरखा राइफल्स और 61 कैवलरी के कर्नल बनाए गए। इसके बाद उन्होंने रक्षा सेवा स्टाफ कॉलेज के कमांडेंट के रूप में कार्यभार सँभाला।

इसके अलावा उन्हें जम्मू और कश्मीर में एक डिवीजन और उत्तर-पूर्व में एक कोर की कमान की भी जिम्मेदारी दी गई। फील्ड मार्शल मानेकशॉ को बाद में पूर्वी कमान के जेओसी-इन-सी बनाया गया। इस दौरान उन्होंने नागालैंड में उग्रवाद की समस्या को सँभाला और एक हद तक इस पर अंकुश भी लगाया। जनरल मानेकशॉ की सूझबूझ और सराहनीय योगदान के लिए उन्हें 1968 में भारत के तीसरे सर्वोच्च नागरिक सम्मान 'पद्म भूषण' से सम्मानित किया गया।

मानेकशॉ ने 7 जून, 1969 को आर्मी स्टाफ (सीओएएस) के प्रमुख का पदभार सँभाला। दिसंबर 1971 में पाकिस्तान के खिलाफ युद्ध में सैन्य अभियान के दौरान मानेकशॉ ने एक परिपक्व युद्ध की रणनीति के साथ जवानों का हौसला बढ़ाया और पाक को कड़ी शिकस्त दी। उनके कौशल का अंदाजा इसी बात से लगाया जा सकता है कि उन्होंने पाकिस्तान सेना को बिना शर्त आत्मसमर्पण करने को मजबूर कर दिया।

राष्ट्र के प्रति उनके इसी सेवाभाव के कारण उन्हें 1972 में 'पद्म

विभूषण' से सम्मानित किया गया और 1 जनवरी, 1973 को फील्ड मार्शल की मानद रैंक से सम्मानित किया गया। सैन्य सेवा के लगभग चार दशक पूरा करने के बाद फील्ड मार्शल मानेकशॉ 15 जनवरी, 1973 को सेवानिवृत्त हो गए।

□

जनरल गोपाल गुरुनाथ बेवूर

पीवीएसएम (11 अगस्त, 1917 से 24 अक्तूबर, 1989)

संक्षिप्त जीवन-वृत्त

जन्म	:	11 अगस्त, 1917
भारतीय सेना में कमीशन	:	15 जुलाई, 1937 को सेकेंड ग्रीन हॉर्वर्ड रेजीमेंट
कमांड	:	15 जनवरी, 1973
युद्ध	:	द्वितीय विश्वयुद्ध 1962 में भारत-चीन युद्ध 1971 में भारत-पाक युद्ध
सेवा-अवधि	:	1937-1975

सम्मान और उपलब्धियाँ

1. बेस्ट कैडेट सोर्ड ऑफ ऑनर (Sword of Honour)
2. 1946 में वायसराय की समन्वय परिषद् के अवर सचिव (सैन्य) बनने वाले वे एकमात्र भारतीय अधिकारी।
3. फरवरी 1959 में 42 वर्ष और छह महीने की उम्र में भारतीय सेना के सबसे कम उम्र के मेजर जनरल बनने का गौरव।
4. परम विशिष्ट सेवा मेडल (पीवीएसएम)।

5. देश का तीसरा सर्वोच्च नागरिक सम्मान—पद्म भूषण।

जनरल गोपाल गुरुनाथ बेवूर ने 15 जनवरी, 1973 को भारतीय सेना के नौवें थल सेनाध्यक्ष के रूप में कमान सँभाली। जनरल वेबूर देहरादून में 'रॉयल इंडियन मिलिट्री कॉलेज' (आरआईएमसी) के पूर्व छात्र रह चुके हैं। जुलाई 1937 को भारतीय सैन्य अकादमी (आईएमए) से पास आउट हुए। आईएमए में ऑलराउंडर प्रदर्शन के लिए बतौर बेस्ट कैडेट और सोर्ड ऑफ ऑनर (Sword of Honour) के लिए उन्हें स्वर्ण पदक से सम्मानित किया गया।

पाकिस्तान के वजीरिस्तान में ऑपरेशन के दौरान 15 जुलाई, 1937 को सेकेंड ग्रीन हॉवर्ड रेजीमेंट में कमीशन मिला। बाद में वे दसवीं बलूच रेजीमेंट के पाँचवीं बटालियन में शामिल हुए। द्वितीय विश्वयुद्ध के दौरान जनरल बेवूर बर्मा में जापानियों से लड़े। 30 नवंबर, 1938 को उन्हें लेफ्टिनेंट बनाया गया। 5 जुलाई, 1945 तक वे बलूच रेजीमेंट के साथ रहे। 1945 में उनका तबादला क्वेटा स्थित स्टाफ कॉलेज में किया गया। इसके तुरंत बाद 1946 में उन्होंने वायसराय की समन्वय परिषद् के अवर सचिव (सैन्य) के रूप में सेवा की। इस प्रतिष्ठित पद पर नियुक्ति पानेवाले वे एकमात्र भारतीय अधिकारी थे।

आजादी के दौरान 1947 में भारत और पाकिस्तान के बीच सैन्य साजो-सामान और सैन्य विभाजन के लिए गठित सैन्य विभाजन समिति का सचिव नियुक्त किया गया था। इसके बाद उन्हें उनके पैरेंटल रेजीमेंट, पाँचवीं बलूच रेजीमेंट में पाकिस्तान वापस भेजा गया। वहाँ से उनको डोगरा रेजीमेंट (भारत) में भेज दिया गया। अक्तूबर 1947 में सेकेंड डोगरा की कमान सँभाली। दिसंबर 1947 में उन्हें लेफ्टिनेंट कर्नल बनाया गया। अप्रैल 1948 को स्कूल और कॉलेज के छात्रों के लिए बुनियादी सैन्य प्रशिक्षण देने के लिए गठित नेशनल कैडेट कोर (एनसीसी) में उन्हें निदेशक नियुक्त किया गया। इसके साथ ही उन्हें एक कर्नल के रूप में प्रमोशन भी मिला।

प्रमोशन

जुलाई 1951 में उन्हें ब्रिगेडियर बनाया गया। इसके बाद उन्होंने जम्मू व कश्मीर में 80 इन्फैंट्री ब्रिगेड के कमांडिंग ऑफिसर के रूप में कमान सँभाली। अगस्त 1953 में उन्होंने सेना मुख्यालय में कार्मिक सेवा के निदेशक के रूप में सेवा की। फरवरी 1959 में 42 वर्ष और छह महीने की उम्र में उन्हें भारतीय सेना के सबसे कम उम्र के मेजर जनरल बनने का गौरव प्राप्त हुआ। फरवरी 1959 में उन्हें शिमला में पश्चिमी कमान मुख्यालय में स्टाफ प्रमुख के पद पर नियुक्ति मिली।

25 मई, 1960 को 11 गोरखा राइफल्स में बतौर कर्नल कमान सँभाली। इसके बाद उन्हें जालंधर में फरवरी 1961 में 27वीं इन्फैंट्री डिवीजन के जीओसी (General officer Commanding) के रूप में नियुक्त किया गया। 1962 में भारत और चीन युद्ध के दौरान चीनी आक्रमण के मद्देनजर उन्हें पश्चिम बंगाल स्थित कलिंपोंग भेजा गया। जून 1963 में उन्हें सेना मुख्यालय में बतौर सैन्य प्रशिक्षण के निदेशक के रूप में नियुक्त किया गया। नवंबर 1964 तक वे वहाँ रहे।

नवंबर 1964 में पश्चिम बंगाल के सिलीगुड़ी में उन्हें 33वीं कोर के लेफ्टिनेंट जनरल के रूप में पदोन्नत किया गया। आर्मी स्टाफ के उप-प्रमुख (Deputy Chief of Army Staff–DCAS) के रूप में मई 1967 में सेना मुख्यालय में कमान सँभाली और जून 1969 तक विभिन्न नियुक्तियाँ कीं। आर्मी स्टाफ के उप प्रमुख के रूप में सराहनीय सेवाओं के लिए उन्हें परम विशिष्ट सेवा मेडल (पीवीएसएम) से सम्मानित किया गया। जुलाई 1969 में जनरल बेवूर को दक्षिणी कमान के जनरल ऑफिसर कमांडिंग इन सी (GOC-in-C) नियुक्त किया गया।

1971 के भारत-पाक युद्ध के दौरान राजस्थान सेक्टर में सफल ऑपरेशन चलाने के लिए उन्हें देश के तीसरे सर्वोच्च नागरकि सम्मान 'पद्म भूषण' से सम्मानित किया गया। 15 जनवरी, 1973 को उन्होंने सेना प्रमुख के रूप में पदभार सँभाला। दो वर्ष चार माह बाद 31 मई, 1975 को जनरल बेवूर

सेवानिवृत्त हुए। 11 अगस्त, 1979 तक उन्होंने डोगरा रेजीमेंट के अवैतनिक कर्नल के रूप में सेवा की।

सेवानिवृत्ति के बाद जनरल बेवूर फरवरी 1976 से मार्च 1978 तक डेनमार्क में भारत के राजदूत नियुक्त किए गए। अगस्त 1979 से 1981 तक दो साल के लिए उन्होंने पुणे विश्वविद्यालय की सीनेट के सदस्य के रूप में सेवा की। उन्होंने किर्लोस्कर ऑयल इंजन और पुणे विकर्स स्पेरी के निदेशक मंडल में भी काम किया। बतौर सैन्य विशेषज्ञ जनरल बेवूर अकसर विभिन्न संगठनों की ओर से आयोजित कार्यक्रम में सैन्य मामलों पर बातचीत करने के लिए हिस्सा भी लेते थे। 24 अक्तूबर, 1989 को जनरल बेवूर का निधन हो गया।

परिवार और शिक्षा

जनरल गोपाल गुरुनाथ बेवूर का जन्म 11 अगस्त, 1917 को मध्य प्रदेश के सिवनी में हुआ था। उनके पिता सर गुरुनाथ वेंकटेश बेवूर आईसीएस और माता रुक्मिणी बेवूर थीं। जनरल वेबूर की शादी राधिका गोखले से 12 मार्च, 1943 को हुई। उनके तीन बच्चे—दो बेटे और एक बेटी हुई। उनके दोनों बेटों ने भी सैन्य जीवन को अपनाया। उनके बड़े पुत्र ग्रुप कैप्टन अनंत बेवूर (सेवानिवृत्त) ने भारतीय वायु सेना में सेवा की है। उन्होंने श्रीलंका में आईपीकेएफ के साथ और सियाचिन अभियान के दौरान काररवाई में हिस्सा लिया। ग्रुप कैप्टन अनंत बेवूर 44वें स्क्वाड्रन के कमांडिंग ऑफिसर (सीओ) थे। उन्होंने आईएल-76 हेवी लिफ्ट सैन्य परिवहन विमान को भी उड़ाया है। उनके दूसरे और छोटे बेटे केशव बेवूर भी एक वायु सेना अधिकारी रह चुके हैं। वे एयर वाइस मार्शल के रैंक में सेवानिवृत्त हुए।

□

जनरल तपिश्वर नारायण रैना

(ऑल्ट, पीवीएसएम)

संक्षिप्त जीवन-वृत्त

भारतीय सेना में कमीशन	:	12 अप्रैल, 1942 को (कुमाऊँ रेजीमेंट)
कमांड	:	15 मई, 1975
युद्ध	:	द्वितीय विश्वयुद्ध 1962 के भारत और चीन युद्ध, 1971 के भारत-पाक युद्ध
सेवा-अवधि	:	1942-1978

सम्मान और उपलब्धियाँ

1. महावीर चक्र (MVC)
2. पद्म भूषण (भारत का तीसरा सर्वोच्च नागरिक सम्मान)

जनरल तपिश्वर नारायण रैना ने 15 मई, 1975 को दसवें थल सेनाध्यक्ष के रूप में भारतीय सेना का पदभार ग्रहण किया। उनकी प्रारंभिक शिक्षा पंजाब के लुधियाना शहर में हुई थी। उसके पिता पंडित बी.एन. रैना लुधियाना में मुख्य डाकपाल के रूप में तैनात थे। जनरल रैना ने फ्रांसीसी महिला मैरी एंथनी से शादी की थी। 12 अप्रैल, 1942 को जनरल तपिश्वर

रैना को कुमाऊँ रेजीमेंट में कमीशन मिला।

उन्होंने द्वितीय विश्वयुद्ध के दौरान तत्कालीन बर्मा (म्याँमार) अभियान में हिस्सा लिया। बर्मा अभियान के दौरान ग्रेनेड विस्फोट में उन्हें अपनी एक आँख गँवानी पड़ी। इसके बाद भारतीय सेना में अपने शेष कॅरियर के दौरान उन्होंने शीशे की आँख लगाई।

सितंबर 1957 से सितंबर 1959 तक उन्होंने 14वीं कुमाऊँ (अब 5वीं मैकेनाइज्ड इन्फैंट्री) की कमान सँभाली। इसके बाद उन्होंने 1962 के भारत-चीन युद्ध के दौरान 1959 से 1962 तक 114 इन्फैंट्री ब्रिगेड की कमान सँभाली। नवंबर 1962 में लद्दाख के चुशूल सेक्टर में चीन से युद्ध में अदम्य साहस, वीरता और नेतृत्व के लिए उन्हें 'महावीर चक्र' (MVC) से सम्मानित किया गया। बाद में उन्हें पश्चिम बंगाल के सिलीगुड़ी में 33वीं कोर का ब्रिगेडियर जनरल स्टाफ बनाया गया। उन्होंने सेना मुख्यालय में उप-एडजुटेंट जनरल और 25वीं इन्फैंट्री डिवीजन के जीओसी के रूप में सेवा की।

1971 में जनरल रैना खुलना सेक्टर में जीओसी सेकेंड कोर के पद पर थे। 1971 के भारत-पाक युद्ध के दौरान उनके योगदान के लिए उन्हें भारत के तीसरे सर्वोच्च नागरिक सम्मान 'पद्म भूषण' से सम्मानित किया गया। 1974 से 1975 तक उन्होंने पश्चिमी कमान के जनरल ऑफिसर कमांडिंग इन चीफ के पद पर काम किया। 16 मई, 1971 से 31 मई, 1978 तक वे कुमाऊँ रेजीमेंट और नागा रेजीमेंट में बतौर कर्नल देश सेवा की। 01 जून, 1975 से 31 मई, 1978 तक वे थल सेनाध्यक्ष के रूप में काम किया।

सेना प्रमुख के रूप में उनके कार्यकाल के दौरान तत्कालीन प्रधानमंत्री इंदिरा गांधी के नेतृत्व में केंद्र सरकार ने देश में आपातकाल की घोषणा की। ऐसा कहा जाता है कि तत्कालीन प्रधानमंत्री इंदिरा गांधी ने जनरल रैना को सरकार के समर्थन में काम करने का सुझाव दिया, लेकिन रैना ने महत्त्वपूर्ण मोड़ पर भारतीय सेना को राजनीति से बाहर रखा। यह एक

महत्त्वपूर्ण क्षण माना जाता है। भारतीय सेना और राष्ट्र की सेवा के 36 से अधिक साल पूरे करने के बाद 31 मई, 1978 को वे सेवानिवृत्त हुए।

रिटायर होने के बाद फरवरी 1979 में उन्हें कनाडा में भारतीय उच्चायुक्त के रूप में नियुक्त किया गया। भारतीय उच्चायुक्त के रूप में अपने कार्यकाल के दौरान ओटावा, कनाडा में 19 मई, 1980 को उनका निधन हो गया।

□

जनरल ओम प्रकाश मल्होत्रा

(ऑल्ट, पीवीएसएम)

संक्षिप्त जीवन-वृत्त

जन्म	:	06 अगस्त, 1922
भारतीय सेना में कमीशन	:	1941 में (आर्टिलरी रेजीमेंट)
कमांड	:	31 मई, 1978
युद्ध	:	द्वितीय विश्वयुद्ध
सेवा-अवधि	:	1941-1981

सम्मान और उपलब्धियाँ

1. 1976 में परम विशिष्ट सेवा मेडल (पीवीएसएम)।
2. एशियाई अश्वारोही फेडरेशन के संस्थापक अध्यक्ष।
3. भारत के सबसे बड़े गैर-सरकारी संगठन (NGO) राष्ट्रीय नेत्रहीन संघ, नई दिल्ली के अध्यक्ष व भारतीय बधिर संघ के संरक्षक।
4. दिल्ली चेशायर होम (Delhi Cheshire Home) के ट्रस्टी।
5. 1994 में जम्मू विश्वविद्यालय की ओर से 'डिग्री ऑफ डॉक्टर ऑफ लेटर्स' (Degree of Doctor of Letters) की उपाधि।

जनरल ओम प्रकाश मल्होत्रा ने 31 मई, 1978 को बतौर दसवें थल सेनाध्यक्ष के रूप में भारतीय सेना की कमान सँभाली। 06 अगस्त, 1922 को कश्मीर के श्रीनगर में उनका जन्म हुआ। 1941 को 19 वर्ष की आयु में सेकेंड लेफ्टिनेंट के रूप में भारतीय सेना के आर्टिलरी रेजीमेंट में उन्होंने कमीशन प्राप्त किया। जल्द ही उनके रैंक में बढ़ोतरी हुई और उन्होंने नवंबर 1950 तथा जुलाई 1961 के बीच आर्टिलरी रेजीमेंट की कमान सँभाली। बाद में वे रक्षा सेवा स्टाफ कॉलेज (DSSC), वेलिंग्टन में प्रशिक्षक बन गए। जून 1962 के बाद उन्होंने तीन साल के लिए मास्को (रूस) में भारतीय दूतावास में सैन्य अताशे (Attache) के रूप में सेवा की।

जनरल मल्होत्रा ने अगस्त 1965 से जनवरी 1966 तक 'आर्टिलरी ब्रिगेड' की कमान सँभाली। इसके बाद उन्होंने 'माउंटेन ब्रिगेड' की कमान सँभाली। सितंबर 1967 में वे मेजर जनरल बने। इसके बाद उन्होंने दो साल के लिए एक इन्फैंट्री डिवीजन की कमान सँभाली। इसके बाद सितंबर 1969 को उन्हें पूर्वी सेक्टर में जीओसी 4 कोर के रूप में नियुक्त किया गया। इस पद पर वे 1972 तक रहे। इसके बाद उन्हें दो साल के लिए जालंधर में जीओसी 11 कोर के रूप में नियुक्त किया गया।

पुणे में जीओसी इन सी (GOC-in-C) दक्षिणी कमान के रूप में नियुक्त किए गए। 1976 में भारतीय सेना में रहते हुए असाधारण सेवा के लिए परम विशिष्ट सेवा मेडल (पीवीएसएम) से सम्मानित किए गए। थलसेना प्रमुख के रूप में नियुक्ति से पहले उन्होंने उप सेनाध्यक्ष के रूप में सेवाएँ दीं। प्रतिष्ठित सैन्य सेवा के लगभग 40 साल पूरे करने के बाद वे 31 मई, 1981 को सेवानिवृत्त हुए।

सैन्य कॅरियर से सेवानिवृत्त होने के बाद जनरल मल्होत्रा 1981 से 1984 तक इंडोनेशिया में भारत के राजदूत के रूप में सेवा की। 1990 के दौर में जब पंजाब में आतंकवाद अपने चरम पर था, वे यहाँ के राज्यपाल बनाए गए। एक साल बाद 1 अगस्त, 1991 को उन्होंने इस पद से इस्तीफा दे दिया। वे एक अच्छे घुड़सवार खिलाड़ी रहे। नौ साल तक उन्होंने

भारतीय अश्वारोही फेडरेशन (Indian Equestrian Federation) के अध्यक्ष के रूप में काम किया।

वे एशियाई अश्वारोही फेडरेशन के संस्थापक अध्यक्ष रहे। उन्होंने राजधानी दिल्ली में दिल्ली गोल्फ क्लब के अध्यक्ष के रूप में भी काम किया। विक्टोरिया और अल्बर्ट संग्रहालय में भारतीय संग्रह के लिए बतौर नेहरू ट्रस्ट के एक ट्रस्टी के रूप में भी काम किया। जनरल मल्होत्रा ने भारत के सबसे बड़े गैर-सरकारी संगठन (NGO) राष्ट्रीय नेत्रहीन संघ, नई दिल्ली के अध्यक्ष के रूप में सेवा की है।

वे भारतीय बधिर संघ के संरक्षक हैं और दिल्ली चेशायर होम (Delhi Cheshire Home) के ट्रस्टी भी हैं। 1994 में, जम्मू विश्वविद्यालय ने रिटायर जनरल मल्होत्रा को डिग्री ऑफ डॉक्टर ऑफ लेटर्स (Degree of Doctor of Letters) की उपाधि से सम्मानित किया। भारत में किवानिज इंटरनेशनल (Kiwanis International) के एक सक्रिय सदस्य हैं। वे वर्तमान में दो धर्मार्थ संगठन शिक्षा और चिकित्सा के अध्यक्ष हैं।

जनरल मल्होत्रा के बेटे अजय मल्होत्रा रूस में भारत के राजदूत के पद पर कार्यरत हैं।

□

जनरल कोटिकलपूरी वेंकट कृष्णा राव

(पीवीएसएम)

संक्षिप्त जीवन-वृत्त

जन्म	:	16 जुलाई, 1923
भारतीय सेना में कमीशन	:	09 अगस्त, 1942 में (महार रेजीमेंट)
कमांड	:	31 मई, 1981
युद्ध	:	भारत-पाक युद्ध 1965, 1971
सेवा-अवधि	:	1942-1983

सम्मान और उपलब्धियाँ

परम विशिष्ट सेवा मेडल (पीवीएसएम)

जनरल कोटिकलपूरी वेंकट कृष्णा राव ने 31 मई, 1981 को बारहवें थल सेनाध्यक्ष के रूप में भारतीय सेना का प्रभार ग्रहण किया। 16 जुलाई, 1923 को उनका जन्म हुआ था। 09 अगस्त, 1942 को भारतीय सेना के महार रेजीमेंट में कमीशन मिला। 14 जुलाई, 1956 को उन्होंने तीन महार रेजीमेंट की कमान सँभाली। 1965 के भारत और पाकिस्तान के बीच युद्ध के दौरान लद्दाख क्षेत्र में एक ब्रिगेड का नेतृत्व किया।

1969-70 के दौरान उन्होंने जम्मू क्षेत्र में एक माउंटेन डिवीजन की

कमान सँभाली। उन्होंने हमेशा नेतृत्व का एक बढ़िया उदाहरण प्रस्तुत किया। 1971 के भारत-पाक युद्ध के दौरान उन्होंने सेना का नेतृत्व करते हुए सिलहट क्षेत्र पर कब्जा जमाया और बँगलादेश के पूर्वोत्तर क्षेत्र को मुक्त कराया। माउंटेन डिवीजन में रहते हुए अपने सराहनीय योगदान के लिए उन्हें परम विशिष्ट सेवा मेडल (पीवीएसएम) से सम्मानित किया गया। 1974 में उन्होंने जम्मू में एक कोर की कमान सँभाली। 1978 में उन्हें उप सेनाध्यक्ष (DCAS) के पद पर नियुक्त किया गया।

1979 में उन्होंने जनरल ऑफिसर कमांडिंग इन चीफ, पश्चिमी कमान के रूप में सेवा की। जून 1968 से 1983 जून तक महार रेजीमेंट के कर्नल के रूप में उन्होंने अपनी सेवाएँ दीं। 1 जून, 1981 को उन्होंने भारतीय सेना के सेना प्रमुख का पदभार सँभाला। इस पद पर वे तीन वर्ष तक रहे। 31 जुलाई, 1983 को वे सेनाध्यक्ष के पद से सेवानिवृत्त हो गए।

सेवानिवृत्ति के बाद जनरल राव ने जून 1984 से नागालैंड, मणिपुर और त्रिपुरा के राज्यपाल के रूप में काम किया। इसके बाद उन्होंने दो बार जम्मू और कश्मीर के राज्यपाल के रूप में सेवा दी। पहला कार्यकाल 11 जुलाई, 1989 से 19 जनवरी, 1990 तक और दूसरी बार 13 मार्च, 1993 से 02 मई, 1998 तक।

वर्तमान में जनरल केवी कृष्णाराव महार रेजीमेंट के अवैतनिक कर्नल हैं।

□

जनरल अरुण कुमार श्रीधर वैद्य

(ऑल्ट)

कमांड : 13 जुलाई, 1983 को
युद्ध : 1965 व 1971 भारत-पाक युद्ध
सेवा-अवधि : 1945-1986

सम्मान और उपलब्धियाँ

1. 1965 में महावीर चक्र (MVC)—भारत-पाक युद्ध में विशिष्ट सेवा के लिए।
2. 1971 में महावीर चक्र (MVC)—भारत-पाक युद्ध में सेवा के लिए।
3. अति विशिष्ट सेवा मेडल (एवीएसएम) और मरणोपरांत पद्‌म विभूषण।

जनरल अरुण कुमार श्रीधर वैद्य 13 जुलाई, 1983 को 13 थल सेनाध्यक्ष के रूप में पदभार सँभाला। उनका जन्म 27 जनवरी, 1926 को महाराष्ट्र के अलीबाग में हुआ था। 1945 में भारतीय बख्तरबंद कोर में उन्हें कमीशन मिला। उन्होंने द्वितीय विश्वयुद्ध में हिस्सा भी लिया। उन्होंने आजादी के

बाद भारत के सबसे पुरानी बख्तरबंद रेजीमेंट में से एक नौवीं डेक्कन हॉर्स में कमांडर का पद सँभाला। उन्होंने 1965 के भारत-पाक युद्ध के दौरान असल उत्तर की लड़ाई में इस रेजीमेंट की कमान सँभाली और 1971 के भारत-पाक युद्ध के दौरान शंकरगढ़ की लड़ाई में सेकेंड बख्तरबंद ब्रिगेड का नेतृत्व किया।

1965 के भारत-पाक युद्ध के दौरान तत्कालीन लेफ्टिनेंट कर्नल वैद्य ने 'डेक्कन हॉर्स' की कमान सँभाली। 06 सितंबर से 11 सितंबर तक उन्होंने अपनी यूनिट के साथ पंजाब के एरिया में पाकिस्तान के साथ युद्ध में हिस्सा लिया। अपनी यूनिट का प्रभावशाली नेतृत्व करते हुए उन्होंने पाकिस्तानी सेना के पैटन टैंक को काफी नुकसान पहुँचाया। युद्ध के दौरान अपनी सुरक्षा की परवाह न करते हुए एक सेक्टर से दूसरे सेक्टर तक अपनी यूनिट का हौसला बढ़ाते हुए उन्होंने पाकिस्तानी चुनौतियों का बखूबी सामना किया। इस युद्ध में असाधारण बहादुरी के लिए उन्हें वीरता के लिए भारत के दूसरे सर्वोच्च पदक 'महावीर चक्र' से सम्मानित किया गया।

1971 के भारत-पाक युद्ध के दौरान तत्कालीन ब्रिगेडियर अरुण कुमार श्रीधर वैद्य पश्चिमी मोरचे पर जफरवाल सेक्टर में बख्तरबंद ब्रिगेड के कमांडर थे। अपनी ब्रिगेड की साथ उन्होंने तेजी से काररवाई करते हुए दुश्मन सेना पर पकड़ बनाई और पाकिस्तानी टैंक को अपने कब्जे में ले लिया। दुश्मनों के लगातार आक्रमण के बीच उन्होंने अपनी ब्रिगेड का पेशेवर कौशल, अदम्य साहस और प्रभावशाली नेतृत्व करते हुए पाकिस्तान को मुँहतोड़ जवाब दिया। इस लड़ाई में पकिस्तानी सेना के 62 टैंकों को नष्ट कर दिया गया। 1971 के युद्ध में साहस, महान् पेशेवर कौशल, अदम्य इच्छाशक्ति, दूरदर्शिता के लिए उन्हें दूसरे 'महावीर चक्र' से सम्मानित किया गया।

1973 में उन्हें मेजर जनरल के पद पर प्रोन्नत किया गया। इस दौरान उन्होंने सैन्य अभियान के लिए नियुक्तियाँ कीं। इसके अलावा उन्होंने दक्षिणी कमान के मुख्यालय में निदेशक और बख्तरबंद कोर केंद्र और

स्कूल के कमांडर के तौर पर सेवा की। जनवरी 1980 में उन्होंने लेफ्टिनेंट जनरल का पदभार सँभाला। जून 1981 में उन्हें पूर्वी कमान के जनरल ऑफिसर कमांडिंग इन चीफ के पद पर प्रोन्नत किया गया। इस दौरान उन्होंने उग्रवाद की समस्याओं से निपटने में विशेष रूप से सराहनीय योगदान दिया। असाधारण श्रेणी की विशिष्ट सेवा के लिए उन्हें 1983 में परम विशिष्ट सेवा मेडल (पीवीएसएम) से नवाजा गया।

01 अगस्त, 1983 को जनरल अरुण कुमार श्रीधर वैद्य ने भारतीय सैन्य प्रमुख के रूप में पदभार सँभाला। उन्होंने इस पद पर 31 जनवरी, 1985 तक देश सेवा की। सैन्य प्रमुख के तौर पर उन्होंने पंजाब के अमृतसर में स्थित स्वर्ण मंदिर को खालिस्तान समर्थक उग्रवादी संगठन से मुक्त करवाने के लिए 1984 में 'ऑपरेशन ब्लू स्टार' की योजना बनाई। यह ऑपरेशन विवादित रहा। सेना में सेवा के 40 से अधिक साल पूरा करने के बाद जनवरी 31 जनवरी, 1986 को वे सेवानिवृत्त हो गए। सेवानिवृत्ति के बाद उन्होंने पुणे में शांति से जीवन व्यतीत किया।

10 अगस्त, 1986 में खालिस्तान समर्थक अलगाववादियों ने स्वर्ण मंदिर पर सेना के हमले के प्रतिशोध में उनकी हत्या कर दी। राष्ट्रसेवा के लिए मरणोपरांत उन्हें भारत के दूसरे सर्वोच्च नागरिक सम्मान 'पद्म विभूषण' से सम्मानित किया गया। एक उत्कृष्ट सैन्य अधिकारी के रूप में जनरल वैद्य ने भारतीय सेना का शानदार नेतृत्व किया था।

□

जनरल कृष्णास्वामी सुंदरजी

संक्षिप्त जीवन-वृत्त

जन्म	:	28 अप्रैल, 1930
भारतीय सेना में कमीशन	:	1946 को (महार रेजीमेंट)
कमांड	:	1 फरवरी, 1986
युद्ध	:	1965, 1971 भारत–पाक युद्ध
सेवा–अवधि	:	1946–1988

सम्मान और उपलब्धियाँ

1. 1978 में पीवीएसएम।
2. भारतीय सेना में प्रौद्योगिकी और मोबाइल हथियार के साथ–साथ आधुनिक भारतीय।
3. सेना की सोच को आकार देने का श्रेय।

जनरल कृष्णास्वामी सुंदरजी अर्थात् कृष्णास्वामी सुंदरराजन का जन्म तमिलनाडु के चेंगलीपट में 28 अप्रैल, 1930 को हुआ था। उन्होंने 1 फरवरी, 1986 को थल सेना के चौदहवें सैन्य प्रमुख के रूप में कमान सँभाली।

वेलिंगटन स्थित रक्षा सेवा स्टाफ कॉलेज (DSSC) से स्नातक के बाद अप्रैल 1946 को उन्हें महार रेजीमेंट में कमीशन मिला। इसी दौरान अविभाजित भारत के उत्तर-पश्चिम सीमांत एरिया और बाद में जम्मू व कश्मीर में उन्होंने काम किया। इसके बाद 1963 में उन्होंने संयुक्त राष्ट्र मिशन के तहत कांगो में सेवा की। इस दौरान उन्होंने कटंगा कमान के चीफ ऑफ स्टाफ की कमान सँभाली। कांगो में बहादुरी के लिए डिस्पैच में उनका उल्लेख किया गया था। नवंबर 1963 से नवंबर 1965 तक उन्होंने 1 महार रेजीमेंट की कमान सँभाली और 1965 के भारत-पाक युद्ध के दौरान उन्होंने मैदानी इलाकों में काररवाई की।

1971 के भारत-पाक युद्ध के दौरान जनरल सुंदरजी पूर्वी युद्ध क्षेत्र में एक कोर के ब्रिगेडियर जनरल स्टाफ थे। पूर्वी पाकिस्तान की आजादी के बाद बने बँगलादेश के संचालन में उन्होंने बहुमूल्य योगदान दिया। मार्च 1974 में उन्हें मेजर जनरल के पद पर पदोन्नत कर मैदानी क्षेत्र में एक इन्फैंट्री डिवीजन की कमान सौंपी गई। भारतीय सेना के पुनर्गठन, खासकर प्रौद्योगिकी के लिए जनरल केवी कृष्णा राव की अगुवाई में बनाई गई छोटी सी टीम में उन्हें शामिल किया गया।

इसके बाद उन्हें भारतीय सेना के मेकैनाइज्ड इन्फैंट्री रेजीमेंट का प्रमुख बनाया गया। भारतीय सेना के आधुनिकीकरण के दौरान उन्होंने देश के प्रमुख रेजीमेंटों की विभिन्न बटालियनों का काम किया।

संयुक्त राष्ट्र में कार्यकाल के दौरान उनकी विशिष्ट सेवाओं के लिए 1978 में उन्हें पीवीएसएम से सम्मानित किया गया। इसके बाद अगस्त 1981 में उन्हें आर्मी स्टाफ के उप-प्रमुख के रूप में नियुक्त किया गया।

1984 में उन्होंने जीओसी पश्चिमी कमान के रूप में पदभार सँभाला। अमृतसर के स्वर्ण मंदिर में छिपे सिख आतंकवादियों को बाहर निकलवाने के लिए राजनीतिक रूप से संवेदनशील 'ऑपरेशन ब्लू स्टार' में वे शामिल रहे।

जनरल सुंदरजी भारतीय सेना में सबसे दूरदर्शी बख्तरबंद कोर कमांडरों

में से एक थे। पैदल सेना में कमीशन मिलने के बावजूद उन्होंने टैंक युद्ध में दिलचस्पी ली। भारतीय बख्तरबंद कोर के लिए उन्होंने सभी काले वरदी डिजाइन किए। भारतीय सेना में प्रौद्योगिकी और मोबाइल हथियार के साथ-साथ आधुनिक भारतीय सेना की सोच को आकार देने के लिए उन्हें श्रेय दिया जाता है।

जनरल सुंदरजी भारत को परमाणु क्षमता से लैस होने की वकालत करते थे। भारत की ओर से परमाणु टेस्ट किए जाने के समय उन्हें आधिकारिक सैन्य प्रवक्ता बनाया गया।

1 फरवरी, 1986 को उन्होंने थल सेना के चौदहवें प्रमुख के रूप में कार्यभार सँभाला। बतौर सैन्य प्रमुख 1986 में सुमदोरंग चू के लिए की गई सैन्य काररवाई ऑपरेशन फाल्कन की काफी प्रशंसा की गई। दरअसल चीन ने भारतीय भूमि सुरदोरंग चू पर कब्जा कर लिया था। उसे मुक्त करवाने के लिए जनरल सुंदरजी ने आक्रामक अभियान चलाया। इसके लिए उन्होंने भारतीय वायु सेना की नई एयर लिफ्ट क्षमता का उपयोग किया था।

भारतीय सेना के सबसे मुखर जनरलों में एक जनरल कृष्णास्वामी सुंदरजी ने राजस्थान में भारत और पाकिस्तान की सीमा के पास भारतीय सेना के सबसे बड़ा सैन्य अभ्यास ऑपरेशन Brasstacks का आयोजन किया गया। यह सैन्याभ्यास दिसंबर 1986 और जनवरी 1987 के बीच आयोजित किया। इसमें दो बख्तरबंद डिवीजनों, एक मशीनीकृत डिवीजन और छह पैदल सेना डिवीजनों ने हिस्सा लिया था।

जनरल सुंदरजी केंद्रीय तंत्रिका तंत्र की एक बीमारी से पीड़ित थे। इसके चलते उन्हें मार्च 1998 के दौरान अस्पताल में भरती किया गया था। 69 वर्ष की आयु में 08 फरवरी, 1999 को उनका निधन हो गया।

□

जनरल विश्वनाथ शर्मा

संक्षिप्त जीवन-वृत्त

जन्म	:	06 जून, 1930
भारतीय सेना में कमीशन	:	4 जून, 1950 में (16 लाइट कैवलरी)
कमांड	:	30 अप्रैल, 1988
युद्ध	:	1956 के नागालैंड उग्रवाद 1965 के भारत-पाकिस्तान युद्ध 1971 के भारत-पाकिस्तान युद्ध 1973 के मिजोरम उग्रवाद 1987 के आईपीकेएफ 'भारतीय शांति सेना' के तहत श्रीलंका में लिट्टे के खिलाफ ऑपरेशन)
सेवा-अवधि	:	1950-1990

सम्मान और उपलब्धियाँ

1. बतौर तीसरी पीढ़ी सेना में परंपरा जारी
2. शहीद मेजर सोमनाथ शर्मा, जिन्हें मरणोपरांत देश का पहला परमवीर चक्र मिला था, उनके भाई हैं।

3. अति विशिष्ट सेवा मेडल (एवीएसएम)
4. परम विशिष्ट सेवा मेडल (पीवीएसएम)

पारिवारिक पृष्ठभूमि

जनरल विश्वनाथ शर्मा ने 30 अप्रैल, 1988 को थल सेना के पंद्रहवें थल सेनाध्यक्ष के रूप में भारतीय सेना का प्रभार ग्रहण किया। इनकी दो पीढ़ियों ने देश की सेवा की है। इनके परिवार से तीन सदस्य जनरल के पद पर रहे हैं। एक प्रतिष्ठित परिवार में जनमे श्री शर्मा के पिता मेजर जनरल अमरनाथ शर्मा चिकित्सा सेवा के उपमहानिदेशक पद से सेवानिवृत्त हुए हैं। इनके बड़े भाई शहीद मेजर सोमनाथ शर्मा हैं, जिन्हें मरणोपरांत स्वतंत्र भारत के प्रथम परमवीर चक्र से सम्मानित किया गया था।

मेजर सोमनाथ अक्तूबर 1947 में कश्मीर में पाक सैनिकों के साथ युद्ध में शहीद हो गए थे। जनरल विश्वनाथ के बड़े भाई लेफ्टिनेंट जनरल सुरेंद्रनाथ शर्मा सेना से अभियंता प्रमुख के पद से सेवानिवृत्त हुए हैं, जबकि उनकी छोटी बहन कमला तिवारी सेना में डॉक्टर थीं और मेजर पद से रिटायर्ड हुई हैं। जनरल विश्वनाथ शर्मा के सबसे छोटे भाई मेजर गौतम शावनिक अभी सेना में कार्यरत हैं। कुल मिलाकर जनरल शर्मा का परिवार लंबे समय से देश की सेवा कर रहा है और यह परंपरा अब भी जारी है।

मेजर जनरल विश्वनाथ शर्मा की शिक्षा तत्कालीन उत्तर प्रदेश के नैनीताल जिले के प्रतिष्ठित शेरवुड कॉलेज में हुई। इसके बाद वे भारतीय सैन्य अकादमी, देहरादून में पाँचवीं रेगुलर कोर्स में शामिल हो गए। श्री शर्मा को कुशल रणनीति और नेतृत्व-क्षमता के कारण राजपूतना राइफल्स में स्वर्ण पदक मिला। इस उपाधि से सम्मानित होनेवाले वे पहले व्यक्ति थे। इसके बाद 4 जून, 1950 को उन्हें 16 लाइट कैवलरी में कमीशन मिला। जनरल विश्वनाथ शर्मा ने लगभग सोलह साल तक इस बख्तरबंद रेजीमेंट में महत्त्वपूर्ण पदों पर रहकर देश की सेवा की। एक युवा मेजर के

तौर पर उन्होंने 1965 के भारत-पाकिस्तान युद्ध में शामिल होकर भारत की जीत में अहम योगदान दिया।

इसके बाद उनकी तैनाती 66 आर्म्ड रेजीमेंट में बतौर लेफ्टिनेंट कर्नल के तौर पर हुई। उनकी कार्यकुशलता और नेतृत्व-क्षमता के कारण उन्हें रक्षा स्टाफ कॉलेज, वेलिंगटन में बतौर प्रशिक्षक नियुक्त किया गया। 1971 में भारत-पाकिस्तान युद्ध के दौरान उन्होंने कर्नल जनरल स्टाफ के पद पर बख्तरबंद डिवीजन की कमान सँभाली। इसके बाद उनका प्रमोशन ब्रिगेडियर के पद पर हुआ। इस पद पर उन्होंने एक उग्रवाद प्रभावित क्षेत्र में एक पहाड़ ब्रिगेड की कमान सँभाली और सफलतापूर्वक उग्रवादी गतिविधियों पर एक हद तक नियंत्रण पाया।

उनकी अदम्य साहस, सेवाभाव और नेतृत्व-क्षमता के कारण जनरल विश्वनाथ शर्मा को अतिविशिष्ट सेवा मेडल (एवीएसएम) से सम्मानित किया गया। इसके बाद श्री शर्मा की तैनाती पश्चिमी क्षेत्र में एक स्ट्राइक कोर के ब्रिगेडियर जनरल स्टाफ के रूप में हुई।

यहाँ रेगिस्तान क्षेत्र में उन्होंने एक बख्तरबंद डिवीजन की कमान का सफलतापूर्वक संचालन किया। वर्ष 1980 में श्री शर्मा का प्रमोशन मेजर जनरल के पद पर हुआ। इस पद पर रहते हुए उन्होंने पूर्वी सेक्टर के 1 पहाड़ डिवीजन की कमान सँभाली। इसके बाद सेना मुख्यालय में जनरल मिलिट्री के पद पर देश की सेवा की। वर्ष 1984 में उनका प्रमोशन लेफ्टिनेंट जनरल के पद पर हुआ। इस पद पर उन्होंने पश्चिमी सेक्टर की एक आरक्षित वाहिनी की कमान सँभाली।

वर्ष 1986 में जनरल शर्मा को उनके सराहनीय योगदान के लिए परम विशिष्ट सेवा मेडल (पीवीएसएम) से सम्मानित किया गया। इन महत्त्वपूर्ण पदों पर रहने के बाद उन्हें महू स्थित प्रतिष्ठित लड़ाकू कॉलेज में बतौर कमांडेंट नियुक्त किया गया।

श्री शर्मा वेलिंगटन स्थित रक्षा सेवा स्टाफ कॉलेज (डीएसएससी) और नई दिल्ली स्थित नेशनल डिफेंस कॉलेज (एनडीसी) से स्नातक हैं।

जनरल शर्मा को विभिन्न इलाकों और पहाड़ युद्ध के संचालन का विशेष अनुभव रहा है। 1 जून, 1987 को श्री शर्मा को पूर्वी कमांड का कमांडिंग इन चीफ नियुक्त किया गया। इसके अलावा वे 66 आर्म्ड रेजीमेंट के कर्नल भी रह चुके हैं। 25 जुलाई, 1987 को जनरल शर्मा को राष्ट्रपति की मानद सेना के एडीसी के पद पर नियुक्त किया गया। चालीस साल तक सेना के महत्त्वपूर्ण पदों पर रहते हुए जनरल विश्वनाथ शर्मा 30 जून, 1990 को सेवानिवृत्त हो गए।

□

जनरल सनिथ फ्रांसिस रॉड्रिक्स

संक्षिप्त जीवन-वृत्त

जन्म	:	19 सितंबर, 1933
भारतीय सेना में कमीशन	:	1952 में (आर्टिलरी रेजीमेंट)
कमांड	:	30 जून, 1990
युद्ध	:	1971 का भारत-पाक युद्ध श्रीलंका में भारतीय शांति सेना (आईपीकेएफ) के ऑपरेशन में।
सेवा-अवधि	:	1952-1993

सम्मान और उपलब्धियाँ

1. विशिष्ट सेवा मेडल (वीएसएम)
2. पंजाब के गवर्नर के रूप में काम करनेवाले दूसरे पूर्व सेना प्रमुख।

जनरल सनिथ फ्रांसिस रॉड्रिक्स ने 30 जून, 1990 को थल सेना के सोलहवें सेनाध्यक्ष का प्रभार सँभाला। 19 सितंबर, 1933 को मुंबई में उनका जन्म हुआ। मुंबई के सेंट जेवियर हाई स्कूल में उनकी शिक्षा हुई। 1949 में भारतीय सैन्य अकादमी के संयुक्त सेवा विंग में शामिल हो गए। दिसंबर

1952 में उन्हें आर्टिलरी रेजीमेंट में कमीशन मिला। वे डिफेंस सर्विसेज स्टाफ कॉलेज के पूर्व छात्र रह चुके हैं। 1970 से 1971 तक उन्होंने माउंटेन आर्टिलरी रेजीमेंट की कमान सँभाली।

सन् 1971 के भारत-पाक युद्ध के दौरान उन्होंने कोर मुख्यालय में जनरल स्टाफ अधिकारी के रूप में सेवा की। 1971 के भारत-पाक युद्ध के दौरान उल्लेखनीय सेवा के लिए 1972 में उन्हें विशिष्ट सेवा मेडल (वीएसएम) से सम्मानित किया गया। जून 1975 से दिसंबर 1977 तक उन्होंने ऊँचाई पर स्थित माउंटेन ब्रिगेड की कमान सँभाली। 1978 में उन्होंने ब्रिटेन में रक्षा अध्ययन के रॉयल कॉलेज में सैन्य कोर्स में हिस्सा लिया।

इसके बाद जनरल रॉड्रिक्स ने लगभग तीन साल के लिए डिफेंस सर्विसेज स्टाफ कॉलेज में सैन्य मुख्य प्रशिक्षक के रूप में सेवा की। इसके बाद उन्होंने ऊँचाई पर स्थित सैन्य डिवीजन में बतौर मेजर जनरल कमान सँभाली। 1981 में उन्होंने रक्षा अध्ययन में अपनी मास्टर डिग्री अर्जित की। 1983 से सितंबर 1985 तक जनरल रॉड्रिक्स ने एक कोर के चीफ ऑफ स्टाफ के रूप में काम किया।

1985 में उन्हें लेफ्टिनेंट जनरल का पद मिला। इसी दौरान उन्हें महानिदेशक सैन्य प्रशिक्षण नियुक्त किया गया। अगले वर्ष 1986 में उन्होंने उत्तरी क्षेत्र में तीन साल के लिए एक कोर की कमान सँभाली। इसके बाद वे 1987 में राष्ट्रपति के मानद एडीसी नियुक्त किए गए। 1988 में उन्हें परम विशिष्ट सेवा मेडल (पीवीएसएम) से सम्मानित किया गया।

श्रीलंका के जाफना में भारतीय शांति सेना (आईपीकेएफ) के 'ऑपरेशन पवन' के दौरान 1 नवंबर, 1987 से 20 अप्रैल, 1989 तक उन्होंने आर्मी स्टाफ (Army Staff) के उप-प्रमुख के रूप में सेवा की।

21 अप्रैल, 1989 से 31 अक्तूबर, 1989 तक उन्होंने मध्य कमान के जीओसी इन-सी और इसके बाद 1 नवंबर, 1989 से 29 जून, 1990 तक पश्चिमी कमान के जीओसी इन-सी की कमान सँभाली।

30 जून, 1990 को उन्होंने सेनाध्यक्ष (चीफ ऑफ आर्मी स्टाफ,

सीओएएस) के रूप में पदभार सँभाला। 30 जून, 1993 को सेना में 41 साल सेवा करने के बाद जनरल रॉड्रिक्स सेवानिवृत्त हुए।

जनरल रॉड्रिक्स को दूरदर्शी और एक कुशल रणनीतिकार के रूप में जाना जाता है। सेवानिवृत्ति के बाद उन्होंने लगभग छह साल के लिए इंटरनेशनल सेंटर, गोवा के निदेशक के रूप में काम किया। उन्होंने राष्ट्रीय सुरक्षा सलाहकार बोर्ड में भी सेवा की।

सामाजिक और साहित्यिक गतिविधियों के दौरान उन्होंने विभिन्न मंचों पर रणनीतिक मुद्दों पर वार्त्ता की। 09 नवंबर, 2004 को उन्होंने पंजाब के 32वें राज्यपाल के रूप में सेवा की। पंजाब के गवर्नर के तौर पर काम करनेवाले जनरल ओम प्रकाश मल्होत्रा (सेवानिवृत्त) के बाद दूसरे पूर्व सेना प्रमुख बने।

वे सात साल के लिए गोवा विश्वविद्यालय की कार्यकारी परिषद् और वाणिज्य एवं उद्योग, गोवा चैंबर की प्रबंध समिति में रहे। गोवा योजना बोर्ड में एक लंबे समय तक उन्होंने सदस्य के रूप में काम किया। उनकी शादी जीन रॉड्रिक्स से हुई। जनरल रॉड्रिग्स दो बेटे और एक बेटी के पिता हैं।

□

जनरल बिपिन चंद्र जोशी

संक्षिप्त जीवन-वृत्त

जन्म	:	1935 उत्तराखंड
भारतीय सेना में कमीशन	:	दिसंबर 1954 में (बख्तरबंद कोर 64 कैवलरी रेजीमेंट)
कमांड	:	30 जून, 1993
युद्ध	:	1971 भारत–पाक युद्ध
सेवा–अवधि	:	1954–1994

सम्मान और उपलब्धियाँ

1. अति विशिष्ट सेवा मेडल (एवीएसएम)।
2. परम विशिष्ट सेवा मेडल (पीवीएसएम)।
3. मई 1973 से अक्तूबर 1976 तक ऑस्ट्रेलिया में सैन्य सलाहकार।
4. गाजा में संयुक्त राष्ट्र सेना में स्टाफ अधिकारी।
5. 1990 में गठित राष्ट्रीय राइफल्स के गठन का श्रेय ।
6. सैन्यकर्मी या रिटायर सैन्यकर्मी के लिए अगस्त 1994 में पुणे इंजीनियरिंग कॉलेज, महाराष्ट्र में सेना प्रौद्योगिकी संस्थान की स्थापना।

7. जनरल जोशी 64 कैवलरी रेजीमेंट (एक औपचारिक सैन्य संरक्षक का पद) के कर्नल के पद पर भी रहे।

जनरल बिपिन चंद्र जोशी का जन्म उत्तराखंड में हुआ था। 30 जून, 1993 को उन्होंने थल सेना के सत्रहवें सेनाध्यक्ष का पदभार सँभाला। दिसंबर 1954 में बख्तरबंद कोर में उन्हें भारतीय सेना में कमीशन मिला।

सेना में रहते हुए उन्होंने विभिन्न महत्त्वपूर्ण कमान सँभालीं। 1971 के भारत–पाक युद्ध के दौरान पश्चिमी सेक्टर में एक बख्तरबंद रेजीमेंट की कमान सँभाली। इसके अलावा उन्होंने स्वतंत्र बख्तरबंद ब्रिगेड और एक इन्फैंट्री डिवीजन की कमान सँभाली।

इस दौरान उन्होंने गाजा में बतौर संयुक्त राष्ट्र (UN) सेना में स्टाफ अधिकारी के रूप में काम किया। इसके अलावा उन्होंने सैन्य मुख्यालय में ब्रिगेडियर जनरल स्टाफ और मई 1973 से अक्तूबर 1976 तक ऑस्ट्रेलिया में बतौर सैन्य सलाहकार के रूप में काम किया। कश्मीर में उग्रवाद से लड़ने के लिए 1990 में गठित राष्ट्रीय राइफल्स के गठन का श्रेय जनरल बिपिन चंद्र जोशी को ही दिया जाता है।

उन्होंने पूर्वी क्षेत्र में सैन्य कोर की कमान सँभाली और जनरल ऑफिसर कमांडिंग इन चीफ, दक्षिण कमान के पद पर भी रहे। जनरल बी.सी. जोशी ने बतौर एडिशनल डायरेक्टर जनरल ऑफ प्रॉस्पेक्टिव प्लानिंग (Additional Director General of Prospective Planning (ADGPP) के पद पर सैन्य मुख्यालय में अपनी सेवाएँ दीं। अपने कार्यकाल के दौरान उन्होंने तीन बार बख्तरबंद कोर केंद्र और स्कूल में प्रशिक्षक के तौर पर काम किया। जनरल जोशी ने मऊ स्थित कॉम्बैट स्कूल (युद्ध के लिए प्रशिक्षण केंद्र) में निर्देशन कर्मचारी (Directing Staff) के रूप में भी काम किया।

जनरल जोशी को देश सेवा में उल्लेखनीय योगदान के लिए सबसे असाधारण श्रेणी के परम विशिष्ट सेवा मेडल (पीवीएसएम) और अति

विशिष्ट सेवा मेडल (एवीएसएम) से सम्मानित किया गया। सेना सेवा में रहते हुए 19 नवंबर, 1994 को 59 वर्ष की आयु में नई दिल्ली स्थित सैन्य अस्पताल में दिल का दौरा पड़ने से उनका निधन हो गया। सुबह में गोल्फ खेलते समय उन्हें सीने में दर्द की शिकायत हुई थी। दिसंबर 1995 में जनरल बिपिन चंद्र जोशी रिटायर होनेवाले थे।

□

जनरल शंकर रॉय चौधरी

संक्षिप्त जीवन-वृत्त

जन्म	:	6 सितंबर, 1937
भारतीय सेना में कमीशन	:	9 जून, 1957 को बख्तरबंद कोर की 20वीं लांसर्स
कमांड	:	22 नवंबर, 1994
युद्ध	:	1965 का भारत–पाक युद्ध 1971 का बँगलादेश–मुक्ति युद्ध
सेवा–अवधि	:	1957–1997

सम्मान और उपलब्धियाँ

1. परम विशिष्ट सेवा पदक (पीवीएसएम)

2. बतौर महानिदेशक युद्ध वाहन 'अर्जुन' (मुख्य युद्धक टैंक) (MBT) की परियोजनाएँ शुरू करवाईं।

जनरल शंकर रॉय चौधरी ने 22 नवंबर, 1994 को भारतीय सेना के अठारहवें सेनाध्यक्ष के रूप में कमान सँभाली। उनका जन्म 6 सितंबर, 1937 को कोलकाता में हुआ था। सेंट जेवियर्स स्कूल कलकत्ता, एलन मेमोरियल स्कूल और सेंट जॉर्ज कॉलेज मसूरी में उनकी शिक्षा पूर्ण हुई। एक कैडेट के

रूप में उन्होंने 1953 में भारतीय सेना की सशस्त्र सेवा के संयुक्त सेवा विंग में प्रवेश किया। 9 जून, 1957 को उन्हें भारतीय सैन्य अकादमी (आईएमए) देहरादून से बख्तरबंद कोर की 20वीं लांसर्स में कमीशन मिला।

जनरल शंकर रॉय चौधरी ने 1965 के भारत-पाक युद्ध में कूंब-जौड़ियाँ क्षेत्र में और 1971 के बँगलादेश मुक्ति युद्ध में उल्लेखनीय भूमिका निभाई। 1974-76 तक 20 लांसर्स को कमांड किया। इसके बाद दिसंबर 1980 से जुलाई 1983 वे आर्म्ड ब्रिग्रेड में शामिल हुए और मई 1988 से मई 1990 तक बख्तरबंद डिवीजन में अपनी सेवाएँ दीं।

1991-92 से चौधरी ने जम्मू-कश्मीर में 16वीं कोर की कमान सँभाली। रक्षा सेवा स्टाफ कॉलेज (डीएसएससी) से उन्होंने स्नातक किया। विभिन्न पदों पर रहते हुए उन्होंने अपनी सेवाएँ दीं। बतौर महानिदेशक युद्ध वाहन (Director General Comabat Vehicles) उन्होंने मुख्य युद्धक टैंक (MBT) अर्जुन की परियोजनाएँ शुरू करवाईं।

भारतीय सेना में विशिष्ट सेवा और बहुमूल्य योगदान के लिए उन्हें परम विशिष्ट सेवा पदक (PVSM) से सम्मानित किया गया था। अगस्त 1992 में जनरल शंकर रॉय चौधरी ने जनरल ऑफिसर कमांडिंग इन चीफ, सेना प्रशिक्षण कमान (ARTRAC) के रूप में पदभार सँभाला। 22 नवंबर, 1994 को जनरल बीसी जोशी की असामयिक मौत के बाद उन्हें सेना प्रमुख बनाया गया। इस पद पर वे 1997 तक रहे।

देशसेवा में 40 वर्ष पूरा करने के बाद सितंबर 1997 को जनरल शंकर रॉय चौधरी भारतीय सेना से सेवानिवृत्त हुए। सेना से सेवानिवृत्ति के बाद जनरल शंकर रॉय चौधरी राज्यसभा के सदस्य बने और उन्होंने संसद् में रक्षा संबंधी विभिन्न मुद्दों पर प्रकाश डाला।

□

जनरल वेद प्रकाश मलिक

संक्षिप्त जीवन-वृत्त

जन्म	:	1 नवंबर, 1939
भारतीय सेना में कमीशन	:	07 जून, 1959 को (सिख लाइट इन्फैंट्री)
कमांड	:	30 सितंबर, 1997
युद्ध	:	1962 में भारत-चीन के बीच युद्ध, 1974 से 1977 तक नागालैंड में आतंकवाद विरोधी अभियान।
सेवा-अवधि	:	1959-2000

सम्मान और उपलब्धियाँ

1. अति विशिष्ट सेवा मेडल (एवीएसएम)।
2. परम विशिष्ट सेवा मेडल (पीवीएसएम)।
3. पुणे के प्रतिष्ठित अतुर फाउंडेशन की ओर से लीडरशिप पुरस्कार।
4. जुलाई 2000 में दून नागरिक परिषद् की ओर से राष्ट्र पुरस्कार।
5. श्रीलंका में भारतीय शांति सेना और मालदीव में ऑपरेशन कैक्टस का संचालन।

6. 1989 में नेफा (North-East Frontier Agency) में आतंकवादी विरोधी अभियान।

मई 1989 में कश्मीर घाटी में आतंकवाद के खिलाफ सैन्य अभियान Counter Insurgency (COIN) का सफल संचालन।

जनरल वेद प्रकाश मलिक ने 30 सितंबर, 1997 को भारतीय सेना के उन्नीसवें सेना प्रमुख के रूप में पदभार सँभाला। उनका जन्म पाकिस्तान स्थित डेरा इस्माइल खाँ में 1 नवंबर, 1939 को हुआ। 7 जून, 1959 को उन्हें सेना की सिख लाइट इन्फेंट्री में कमीशन मिला। इसी दौरान उन्होंने 1962 में लद्दाख सेक्टर में भारत-चीन के बीच युद्ध में हिस्सा लिया। उन्होंने चीन सीमा पर दसवीं सिख लाइट इन्फैंट्री की कमान सँभाली और 1974 से 1977 तक नागालैंड में आतंकवाद विरोधी अभियान में सक्रिय भूमिका निभाई।

श्री मलिक 1977 से लेकर 1978 तक कॉलेज ऑफ कांबोट में बतौर वरिष्ठ कमान विंग के प्रशिक्षक के पद पर तैनात रहे। इसके बाद 1979 से लेकर 1980 तक कैबिनट सचिवालय में सैन्य विंग के संयुक्त नियोजन स्टाफ के पद पर तैनात रहे। श्री मलिक ने कई अहम पदों पर रहकर देश की रक्षा और नीतियों में अहम भागीदारी निभाई। इसके बाद उनकी तैनाती इन्फैंट्री ब्रिगेड के डिप्टी विंग कमांडर के पद पर हुई। इस पद पर वे 1980 से लेकर 1982 तक रहे।

इसके बाद 1982 से लेकर 1983 तक इन्फैंट्री डिवीजन के कर्नल बनाए गए। अप्रैल 1983 में वे जम्मू और कश्मीर के 162वें इन्फैंट्री ब्रिगेड के कमांडर बने। इस पद पर वे दिसंबर 1985 तक रहे। इस दौरान उनकी उपलब्धियों के लिए उन्हें अति विशिष्ट सेवा मेडल (एवीएससएम) से सम्मानित किया गया।

1986 में जनरल मलिक ने नई दिल्ली स्थित नेशनल डिफेंस कॉलेज में अपनी सेवाएँ दीं। 1987 में उन्होंने दो महत्त्वपूर्ण अंतरराष्ट्रीय ऑपरेशन में भाग लिया। श्रीलंका में भारतीय शांति सेना और मालदीव में ऑपरेशन

कैक्टस का उन्होंने सफलतापूर्वक संचालन कर भारत के गौरव को बढ़ाया। सेना के सफल संचालन और कुशल युद्ध रणनीति के करण उनकी काफी सराहना हुई।

1989 में उनकी तैनाती 'नेफा' (North-East Frontier Agency–NEFA) में हुई। यहाँ उन्होंने आतंकवादी विरोधी अभियान में महत्त्वपूर्ण भूमिका निभाई। सराहनीय कार्य करने के कारण जनरल मलिक को मई 1989 में फिर से कश्मीर घाटी में तैनाती मिली। यहाँ उन्होंने आतंकवाद के खिलाफ सैन्य अभियान Counter Insurgency (COIN) का सफल संचालन कर अपनी कुशल रणनीति का परिचय दिया। यहाँ वे 1991 तक तैनात रहे। अपने कार्यकाल में जनरल मलिक ने आतंकी गतिविधियों पर काफी हद तक अंकुश लगाया और घाटी में सेना का विश्वास कायम कर अमन-चैन बहाल किया।

इसके बाद जनरल मलिक की तैनाती 1991 से लेकर 1992 तक सेना मुख्यालय में ऑपरेशनल रसद के अतिरिक्त महानिदेशक के पद पर हुई। भारत-पाक सीमा के परिचालन की जिम्मेदारी के साथ-साथ उन्होंने आतंकवादी विरोधी ऑपरेशन का भी सफल संचालन किया। इसके बाद अगस्त 1992 से मार्च 1974 तक पंजाब में ग्यारहवीं कोर की कमान सँभाली। इसके बाद Diffence Services Staff College (DSSC) के स्नातक जनरल मलिक सेना मुख्यालय में तैनात किए गए।

जनरल मलिक ने महू के कॉलेज में उच्च कमान कोर्स में भी भाग लिया। उन्हें यहाँ के इन्फैंट्री स्कूल में सामरिक विंग में प्रशिक्षक नियुक्त किया गया था। अप्रैल 1994 से लेकर जुलाई 1995 तक उन्होंने वेलिंगटन में रक्षा सेवा स्टाफ कॉलेज के कमांडेंट के तौर पर कर्मचारियों के काम के पाठ्यक्रम को कंप्यूटरीकरण करने में महत्त्वपूर्ण भूमिका निभाई थी। जुलाई 1995 से लेकर अगस्त 1996 तक वे सेना मुख्यालय में आर्मी स्टाफ के उप-प्रमुख के पद पर कार्यरत रहे। इसके पहले उनकी तैनाती दक्षिणी कमान के जेओसी-इन-सी के पद पर हुई। उनके अति विशिष्ट और

सराहनीय योगदान के कारण उन्हें 1996 की गणतंत्र दिवस परेड में तत्कालीन राष्ट्रपति द्वारा सेना के परम विशिष्ट सेवा मेडल (पीवीएसएम) से सम्मानित किया गया।

जनरल मलिक ने सितंबर 1997 में भारतीय सेना के प्रमुख का प्रभार ग्रहण किया और समवर्ती नियुक्ति के साथ-साथ जनवरी 1999 में प्रभावी स्टाफ समिति के प्रमुखों के अध्यक्ष के रूप में पदभार सँभाला। वर्ष 1999 में उन्होंने कारगिल सेक्टर में घुसी पाक सेना को खदेड़ने के लिए 'ऑपरेशन विजय' के सफल कार्यान्वयन का निरीक्षण किया।

जनरल मलिक को सराहनीय कामों के कारण पुणे के प्रतिष्ठित अतुर फाउंडेशन की ओर से लीडरशिप पुरस्कार से सम्मानित किया गया। जुलाई 2000 में दून नागरिक परिषद् की ओर से इन्हें 'राष्ट्र पुरस्कार' से नवाजा गया। अपने 41 साल के कॅरियर में उन्होंने कई महत्त्वपूर्ण उपलब्धियाँ हासिल कीं और कुशल रणनीति तथा नेतृत्व से सेना को एक नई दिशा और दशा दी।

जनरल मलिक 30 सितंबर, 2000 को सेवानिवृत्त हो गए। अपने कार्यकाल के दौरान वे सिख लाइट इन्फैंट्री के कर्नल थे। सेवानिवृत्ति के बाद जनरल मलिक हरियाणा के पंचकूला में बस गए। रिटायरमेंट के बाद भी वे राष्ट्रीय सुरक्षा चुनौतियाँ और अंतरराष्ट्रीय संबंधों पर अपने महत्त्वपूर्ण सुझाव देते रहते हैं। जनरल मलिक दो सालों तक राष्ट्रीय सुरक्षा सलाहकार बोर्ड के सदस्य रहे हैं।

वर्तमान में वे कुछ निजी कंपनियों और ट्रस्टों के सलाहकार बोर्ड में स्वतंत्र निदेशक हैं। जनरल मलिक ने रक्षा संबंधित कई पुस्तकें और लेख भी लिखे हैं।

□

जनरल सुंदरराजन पद्मनाभन

संक्षिप्त जीवन-वृत्त

जन्म	:	05 दिसंबर, 1940
भारतीय सेना में कमीशन	:	दिसंबर 1959 में (आर्टिलरी रेजीमेंट)
कमांड	:	30 सितंबर, 2000
सेवा–अवधि	:	1959–2002

सम्मान और उपलब्धियाँ

1. विशिष्ट सेवा मेडल (वीएसएम)
2. अति विशिष्ट सेवा मेडल (एवीएसएम)

जनरल सुंदरराजन पद्मनाभन ने 30 सितंबर, 2000 को थल सेना के बीसवें प्रमुख के रूप में पदभार ग्रहण किया। उनका जन्म 05 दिसंबर, 1940 को केरल प्रांत के तिरुवनंतपुरम् में हुआ। प्रारंभिक शिक्षा के बाद उन्होंने प्रतिष्ठित राष्ट्रीय इंडियन मिलिट्री कॉलेज (आरआईएमसी), देहरादून और राष्ट्रीय रक्षा अकादमी (एनडीए), पुणे के खड़गवासला से शिक्षा ग्रहण की। इसके बाद दिसंबर 1959 में भारतीय सैन्य अकादमी (आईएमए) से स्नातक होने के बाद आर्टिलरी रेजीमेंट में कमीशन प्राप्त किया।

अपने शानदार कॅरियर में कई ऑपरेशनों में भाग लेने के अलावा उन्होंने

कई महत्त्वपूर्ण पदों पर रहकर देश-सेवा की अनूठी मिसाल पेश की। वे कई प्रतिष्ठित कमांड, स्टाफ और निदेशात्मक नियुक्तियों में शामिल थे। उन्होंने 1973 में वेलिंगटन में रक्षा सेवा स्टाफ कॉलेज और नई दिल्ली स्थित नेशनल डिफेंस कॉलेज (एनडीसी) से स्नातक की डिग्री हासिल की।

अगस्त 1975 से जुलाई 1976 तक उन्होंने एक स्वतंत्र लाइट बैटरी की कमान सँभाली। इसके बाद सितंबर 1977 से मार्च 1980 तक गजाला माउंटेन रेजीमेंट की कमान सँभाली। यह रेजीमेंट भारतीय सेना की सबसे पुरानी आर्टिलरी रेजीमेंट में से एक है और कई युद्धों में भाग ले चुकी है।

इसके बाद जनरल पद्मनाभन ने देवलाली में आर्टिलरी स्कूल में प्रशिक्षक तोपखाना के रूप में अपनी सेवाएँ दीं। बेहतर सेवा के लिए उन्हें विशिष्ट सेवा मेडल (वीएसएम) से सम्मानित किया गया। उन्होंने मई 1983 से जनवरी 1985 तक एक माउंटेन डिवीजन के कर्नल जनरल स्टाफ के रूप में सेवा दी। उन्होंने दिल्ली में प्रतिष्ठित एनडीसी कोर्स में भाग लेने से पहले एक स्वतंत्र आर्टिलरी ब्रिगेड और एक माउंटेन ब्रिगेड की कमान सँभाली।

उन्होंने राँची (बिहार) और पंजाब में दिसंबर 1988 से फरवरी 1991 तक 1 इन्फैंट्री ब्रिगेड की कमान सँभाली और उसके बाद उन्हें अगस्त 1991 से मार्च 1992 से पंजाब में 1 इन्फैंट्री डिवीजन के जनरल ऑफिसर कमांडिंग के रूप में नियुक्त किया गया। उन्होंने सितंबर 1992 से जून 1993 तक तीन कोर के चीफ ऑफ स्टाफ के रूप में सेवा की। लेफ्टिनेंट जनरल पद पर पदोन्नति के बाद वे जुलाई 1993 से फरवरी 1995 तक कश्मीर घाटी में 15वीं कोर के कमांडर बने। इस दौरान आतंकी गतिविधियों पर अंकुश लगाया।

इनके कार्यकाल में सेना ने कश्मीर में आतंकी गतिविधियों पर अंकुश लगाने के साथ सीमा पर घुसपैठ को रोका। अपने कार्यकाल के दौरान उन्होंने कई मिसाल पेश कीं। 15वीं कोर के कमांडर के कार्यकाल के दौरान उनके उल्लेखनीय योगदान के लिए उन्हें सेना के अति विशिष्ट

सेवा मेडल (एवीएसएम) से सम्मानित किया गया।

जनरल पद्मनाभन की तैनाती 1 सितंबर, 1996 को ऊधमपुर में उत्तरी कमान के जनरल ऑफिसर कमांडिंग के रूप में हुई। इससे पहले वे दक्षिणी कमान के जीओसी थे। वे प्रतिष्ठित सैन्य सेवा के 43 से अधिक साल पूरा करने के बाद दिसंबर 2002 में सेवानिवृत्त हुए। एक लेखक के रूप में उन्होंने दो पुस्तकें भी लिखी हैं। सेवानिवृत्ति के बाद वे परिवार सहित चेन्नई में रहते हैं।

□

जनरल निर्मल चंद विज

संक्षिप्त जीवन-वृत्त

जन्म	:	जनवरी 1943
भारतीय सेना में कमीशन	:	11 दिसंबर, 1962 को (चार डोगरा रेजीमेंट)
कमांड	:	31 दिसंबर, 2002
सेवा–अवधि	:	1962–2005

सम्मान और उपलब्धियाँ

1. अति विशिष्ट सेवा मेडल (एवीएसएम)
2. विशिष्ट सेवा मेडल (एवीएसएम)
3. उत्तम युद्ध सेवा पदक (यूवाईएसएम)
4. सियरा लियोन में फँसे भारतीय शांति सैनिकों को छुड़ाने का सफल अभियान।
5. ऑपरेशन खुखरी योजना।
6. घुसपैठ और आतंकी गतिविधियों पर अंकुश।
7. असम के उल्फा विद्रोहियों के संयुक्त मुक्ति मोरचा के सदस्यों को आत्मसमर्पण के लिए मजबूर किया।

8. जम्मू और कश्मीर की सीमा पर लोहे की बाड़ लगवाना।
9. कार्यरत और रिटायर सैनिक और उनके परिवारों के लिए कई कल्याणकारी योजनाएँ।

जनरल निर्मल चंद विज ने 31 दिसंबर, 2002 को थल सेना के 21वें प्रमुख के रूप में पदभार सँभाला। उनका जन्म जनवरी 1943 में जम्मू में हुआ। उनकी प्रारंभिक शिक्षा जम्मू के एसआरएमएल सीनियर सेकेंडरी स्कूल से हुई। इसके बाद 1959 में वे भारतीय रक्षा अकादमी में शामिल हुए। 11 दिसंबर, 1962 को उन्होंने चार डोगरा रेजीमेंट में कमीशन प्राप्त किया और भारतीय थल सेना में अपना कॅरियर प्रारंभ किया।

अपने कमीशन के दौरान श्री विज ने 1962 के भारत-चीन युद्ध के दौरान वालंग सेक्टर में युद्ध काररवाई में हिस्सा लिया। इसके बाद उन्होंने छह अलग-अलग अवसरों पर भारतीय सेना में अनूठी उपलब्धि हासिल कर अफसर कमांड चार कोर के रूप में काम किया। 1971 में भारत-पाकिस्तान युद्ध के दौरान जनरल विज की कंपनी ने सबसे पहले पाकिस्तान के मिरान साहिब सेक्टर के चिकेन नेक और छोटे चक पर कब्जा किया। इसके बाद जून 1978 से सितंबर 1980 तक उन्होंने 16 डोगरा रेजीमेंट की कमान सँभाली। उन्होंने विभिन्न पदों पर रहते हुए देश की सेवा की और सेना के आधुनिकीकरण में अहम योगदान दिया।

एक विशेषज्ञ के रूप उन्होंने एक इन्फैंट्री डिवीजन में जनरल स्टाफ ऑफिसर पद पर भी काम किया। नई दिल्ली स्थित सेना मुख्यालय में बतौर ब्रिगेडियर, कर्नल और उपमहानिदेशक के रूप में सैन्य अभियान निदेशालय में एक निदेशक के पद पर तैनाती हुई। इस दौरान उनकी सेवा और रक्षा संबंधी सोच की खासी सराहना भी की गई। इसके अलावा सियरा लियोन में फँसे भारतीय शांति सैनिकों को छुड़ाने में उनकी कार्ययोजना को काफी सराहा गया। भारतीय सेना में उनकी कई उपलब्धियों के अलावा 'ऑपरेशन खुखरी' योजना और निष्पादन भी शामिल है।

वर्ष 1996 में जनरल विज ने चंडीगढ़ स्थित चंडी क्षेत्र में पश्चिमी कमान के मेजर जनरल का पदभार सँभाला। यहाँ उनकी विशिष्ट सेवाओं के लिए उन्हें अति विशिष्ट सेवा मेडल (AVSM) से सम्मानित किया गया। इसके बाद कारगिल ऑपरेशन के दौरान जनरल विज को महानिदेशक सैन्य अभियान, डीजीएमओ के पद पर नियुक्त किया गया। इस दौरान उनकी विशिष्ट सेवाओं के लिए उन्हें उत्तम युद्ध सेवा पदक (यूवाईएसएम) से सम्मानित किया गया। उनकी नेतृत्व क्षमता और कार्यकुशलता के कारण उनकी तैनाती असम के तेजपुर स्थित 18वीं इन्फैंट्री डिवीजन (त्वरित), मध्य प्रदेश के भोपाल स्थित 21 स्ट्राइक कोर में हुई और आतंकवादी निरोधी अभियान के लिए 44 माउंटेन ब्रिगेड की कमान सँभाली और उन्होंने घुसपैठ तथा आतंकी गतिविधियों पर अंकुश लगाया।

इसके बाद वे चार कोर के जेसीओ बने। यहाँ उन्होंने अपनी सूझ-बूझ और कुशल रणनीति का परिचय देते हुए काफी संख्या में असम के उल्फा विद्रोहियों के संयुक्त मुक्ति मोरचा के सदस्यों को आत्मसर्पण के लिए मजबूर कर दिया। चार कोर के जेसीओ के रूप में उनके असाधारण प्रदर्शन के लिए उन्हें विशिष्ट सेवा मेडल (Madel) से सम्मानित किया गया।

इसके बाद 1 अक्तूबर, 2000 को उनकी तैनाती पुणे के दक्षिणी कमान के जेसीओ के रूप में हुई। 2001 के गुजरात में भूकंप के दौरान इनके नेतृत्व में सेना ने राहत और बचाव कार्य चलाया। उस भयानक आपदा में जनरल विज की भूमिका की खासी सराहना हुई। इसके बाद अक्तूबर में उनकी तैनाती नई दिल्ली में आर्मी स्टाफ के उप प्रमुख पद पर हुई। जनवरी 2002 में उन्हें डोगरा रेजीमेंट और डोगरा स्काउट के 10वें कर्नल के पद पर नियुक्त किया गया।

31 दिसंबर, 2002 को बने सेना प्रमुख

जनरल विज ने 31 अक्तूबर, 2002 को सेना प्रमुख का पदभार सँभाला। इस दौरान उन्होंने देश की रक्षा और जवानों का मनोबल बढ़ाने

के लिए कई कदम उठाए। सेना प्रमुख के तौर पर उन्होंने जुनून और लगन से जम्मू एवं कश्मीर की सीमा पर लोहे की बाड़ लगवाने का काम पूरा करवाया। उनके अथक प्रयासों के कारण ही यह काम पूरा हो सका। उनकी अंतरंग भागीदारी के कारण उन्हें काफी प्रोत्साहन भी मिला।

इसके अलावा उन्होंने भूतपूर्व सैनिकों के कल्याण के लिए कई सुधार कार्यक्रम बनाए। इसमें व्यापक स्पेक्ट्रम विवाहित आवासीय योजना, व्यावसायिक कॉलेजों की स्थापना और भूतपूर्व सैनिकों के लिए स्वास्थ्य योजना प्रमुख हैं। इसके अलावा थल सेनाध्यक्ष के कार्यकाल में जनरल विज ने रॉयल भूटान आर्मी और भारतीय सेना के संयुक्त ऑपरेशन में, दिसंबर 2003 में भूटान में उल्फा उग्रवादियों के खिलाफ अभियान चलाया। उन्होंने 31 दिसंबर, 2004 को स्टाफ कमेटी के प्रमुखों के अध्यक्ष पद को भी सुशोभित किया।

निजी जीवन

जनरल विज की शादी रीता विज से हुई है। उनके पुत्र नलिन विज अमेरिका में सॉफ्टवेयर इंजीनियर हैं। देश की लगभग 42 साल सेवा करने के बाद 31 जनवरी, 2005 को वे सेवानिवृत्त हुए। वर्तमान में जनरल विज डोगरा रेजीमेंट तथा डोगरा स्काउट के मानद कर्नल और भारत सरकार के राष्ट्रीय आपदा प्रबंधन प्राधिकरण के उपाध्यक्ष हैं।

□

जनरल जोगिंदर जसवंत सिंह

संक्षिप्त जीवन-वृत्त

जन्म	:	17 सितंबर, 1945
भारतीय सेना में कमीशन	:	1964 में (9 मराठा लाइट इन्फैंट्री)
कमांड	:	31 जनवरी, 2005
युद्ध	:	1999 का कारगिल युद्ध
सेवा-अवधि	:	1964–2007

सम्मान और उपलब्धियाँ

1. विशिष्ट सेवा मेडल (VSM)
2. अति विशिष्ट सेवा पदक (AVSM)
3. युद्ध के घाव पदक (War Wound Medal)
4. परम विशिष्ट सेवा पदक (PVSM)
5. 1999 के कारगिल युद्ध में भारत की निर्णायक जीत में अहम भूमिका।
6. भारतीय सेना के लिए एक नए सिद्धांत का मसौदा तैयार करने का भी श्रेय।

जनरल जोगिंदर सिंह ने 31 जनवरी, 2005 को थल सेना के बाईसवें सेना प्रमुख के रूप में पदभार सँभाला। उनका जन्म 17 सितंबर, 1945 को पाकिस्तान के बहावलपुर में हुआ। 1947 में भारत-पाक विभाजन के बाद उनका परिवार पंजाब के पटियाला में आकर बस गया। वे राष्ट्रीय रक्षा अकादमी के छात्र रह चुके हैं और भारतीय सेना में अगस्त 1964 में 9 मराठा लाइट इन्फैंट्री में उन्हें कमीशन मिला। उन्होंने अगस्त 1968 में अलंकरण परेड में तत्कालीन राष्ट्रपति जाकिर हुसैन से बटालियन के लिए रंग (कलर) प्राप्त किया।

तीसरी पीढ़ी के सैनिक

योद्धाओं के परिवार में जनमे जनरल सिंह का पूरा परिवार सैन्य सेवा से जुड़ा रहा है। वे तीसरी पीढ़ी के सैनिक हैं। उनके दादा ने इराक के मेसोपोटामिया और अलम अमरा में प्रथम विश्वयुद्ध के दौरान 1/67 पंजाब रेजीमेंट में सेवा दी। इसके अलावा उन्होंने 103, 105, 114, 117 बटालियन में अहम योगदान दिया। 5 बटालियन बाद में मराठा इन्फैंट्री का हिस्सा बन गई। यह संयोग ही है कि लगभग पचास साल बाद जनरल सिंह की पहली नियुक्ति मराठा लाइट इन्फैंट्री में ही हुई। उनके पिता सेनानिवृत्त कर्नल जसवंत सिंह मारवाह ने 1943 से 1973 तक इलेक्ट्रिकल और मेकैनिकल इंजीनियरिंग सेवा में महत्वपूर्ण योगदान दिया। उन्हें द्वितीय विश्वयुद्ध का अनुभव भी है।

जनरल सिंह ने सातवीं और नौवीं मराठा लाइट इन्फैंट्री के साथ-साथ अपने कार्यकाल के दौरान जम्मू और कश्मीर, नागालैंड, अरुणाचल प्रदेश, सिक्किम और उत्तराखंड के जोशीमठ में सेना के सर्वोच्च पदों पर रहकर देश की सेवा की। अरुणाचल प्रदेश में 9 मराठा लाइट इन्फैंट्री में बेहतर काम के लिए उन्हें सेना के विशिष्ट सेवा मेडल से सम्मानित किया गया। उन्होंने कर्नल के रैंक में हैदराबाद में पाँच मराठा लाइट इन्फैंट्री की कमान सँभाली। सेना के सुसंगत और योग्य व्यक्ति के तौर पर उन्होंने

अपनी पहचान बनाई।

वे अपने बैच के सबसे युवा एकमात्र सैन्य अधिकारी थे, जिन्होंने स्टाफ कॉलेज, सीनियर कॉलेज, उच्च कमान एवं नेशनल डिफेंस अकादमी कॉलेज और अन्य व्यावसायिक पत्रिकाओं के लिए लेख लिखे। उनके शोध-पत्र भारतीय सीमा विवाद, रक्षा निर्यात को बढ़ावा देने की रणनीति की खासी सराहना की गई। 1987 से 1990 तक उन्हें अल्जीरिया में भारत के पहले रक्षा अधिकारी के रूप में सम्मिलित किया गया।

आतंकियों से मुकाबला करते हुए जख्मी

अल्जीरिया से लौटने के बाद जनरल सिंह ने सफलतापूर्वक बारामूला सेक्टर में 79वीं माउंटेन ब्रिगेड की कमान सँभाली। उस दौरान वहाँ आतंकी गतिविधियाँ चरम पर थीं। 1991-1992 में अपने कार्यकाल के दौरान लाइन ऑफ कंट्रोल रेखा पार करते चार पाक घुसपैठियों के साथ हुई मुठभेड़ में जनरल सिंह गंभीर रूप से घायल हो गए। उनकी इस अदम्य वीरता और साहस के लिए भारतीय सेना ने उन्हें 'युद्ध के घाव पदक' (War Wound Medal) से सम्मानित किया।

वर्ष 1993 में जनरल सिंह को प्रतिष्ठित नेशनल डिफेंस कॉलेज पाठ्यक्रम में भाग लेने के लिए नामित किया गया। एडीसी कोर्स करने के बाद उनकी तैनाती सेना मुख्यालय में उप महानिदेशक, परिचालन रसद के पद पर हुई। इसके बाद उन्होंने 1996 से लेकर 1998 तक 9 इन्फैंट्री डिवीजन की कमान सँभाली।

जनरल सिंह ने तत्कालीन सेना मुख्यालय, सैन्य अभियान निदेशालय में अतिरिक्त महानिदेशक सैन्य अभियान का पदभार सँभाला। इस अहम पद पर अपने कार्यकाल के दौरान उन्होंने भारत-चीन सीमा विवाद पर भारत की नीति बनाने की दिशा में सकारात्मक योगदान दिया। इस दौरान संयुक्त कार्य समूह के हिस्से रूप में उन्होंने बीजिंग का दौरा किया। इसके बाद वे 1998 में सियाचीन और सर क्रीक मुद्दे पर पाकिस्तान के साथ

हुई वार्त्ता में रक्षा मंत्रालय के हिस्सा बने। भारतीय दल संयुक्त रक्षा मिशन के हिस्से के रूप में उन्होंने अपनी अहम भूमिका निभाई और तत्कालीन रक्षा मंत्री के साथ सियरा लियोन का दौरा किया।

कुशल रणनीति के कारण 1999 के कारगिल युद्ध में वे भारतीय सेना के सार्वजनिक चेहरा बने और भारत की निर्णायक जीत में उनकी अहम भूमिका रही। कारगिल युद्ध में नियोजन और सफल क्रियान्वयन में उनकी सेवाओं के लिए उन्हें अति विशिष्ट सेवा पदक (AVSM) से सम्मानित किया गया।

इसके बाद जनरल सिंह ने मथुरा में एक स्ट्राइक कोर की कमान सँभाली। मई 2001 में राजस्थान के रेगिस्तान में उन्होंने सफलतापूर्वक कोर स्तर पर व्यायाम समन्वित, पाकिस्तान के खिलाफ सैन्य गतिरोध का नेतृत्व किया। दिसंबर 2001 से लेकर दिसंबर 2002 तक उन्होंने ऑपरेशन पराक्रम के दौरान एक कोर का नेतृत्व किया। उन्हें भारतीय सेना के लिए एक नए सिद्धांत का मसौदा तैयार करने का भी श्रेय दिया गया। जनवरी 2003 में उन्हें सेना के पश्चिमी कमान के जेओसी के पद पर नियुक्त किया गया। इस दौरान सेना के आधुनिकीकरण की दिशा में साफ और व्यापक सोच के लिए उनकी सराहना की गई।

जनरल सिंह ने सेना को भविष्य की चुनौतियों के लिए तैयार करने में महत्त्वपूर्ण योगदान दिया। उन्होंने उभरते सुरक्षा माहौल के लिए रणनीतिक और परिचालन के स्तर पर नई अवधारणाओं एवं सिद्धांतों की जिम्मेदारी को शामिल करने पर जोर दिया। उन्होंने प्रशिक्षण नीति के लिए सेना को तैयार करने और इसके सभी पहलुओं में सेना को प्रशिक्षण प्रदान करने के अलावा कई अहम सुझाव और योगदान दिए। उनकी इस उपलब्धि और विशिष्ट सेवाओं के लिए जनवरी 2004 में उन्हें परम विशिष्ट सेवा पदक (AVSM) से सम्मानित किया गया।

जनरल सिंह ने 1 फरवरी, 2004 को जीओसी-इन-सी पश्चिमी कमान के रूप में पदभार ग्रहण किया। अपने कार्यकाल के दौरान उन्होंने

कई उपलब्धियाँ हासिल कीं। इस महत्त्वूपर्ण पद के कार्यकाल में उन्होंने अभ्यास और तकनीक विकसित करने के सिद्धांतों पर जोर डाला। उन्होंने पश्चिमी कमान में अपने कार्यकाल के दौरान भूतपूर्व सैनिक अंशदायी योजना के कार्यान्वयन में महत्त्वपूर्ण योगदान दिया। इसके बाद उन्हें 1 फरवरी, 2004 को राष्ट्रपति के मानद सैन्यादेशवाहक के रूप में नियुक्त किया गया।

विभिन्न भाषाओं पर समान अधिकार

जनरल सिंह ने 31 जनवरी, 2005 को थल सेना प्रमुख का पदभार सँभाला। उन्हें सेना हल्कों में प्यार से 'जेजेके' के रूप में भी जाना जाता है। उनकी अरबी और अल्जीरिया में व्यापक रूप से बोली जानेवाली फ्रेंच भाषा पर भी कमांड है। वे मातृभाषा व अंग्रेजी के साथ-साथ फ्रेंच और अरबी भाषा भी धाराप्रवाह बोलते हैं। उनकी पहली तैनाती 10 अक्तूबर, 2001 को मराठा लाइट इन्फैंट्री में कर्नल के पद पर हुई।

वे अच्छे निशानेबाज के साथ-साथ बास्केटबॉल, स्क्वैश और गोल्फ के बेहतर खिलाड़ी रहे हैं। उन्होंने दार्जिलिंग में हिमालयन माउंटेनियरिंग इंस्टीट्यूट में तेनजिंग नोर्गे के तहत प्रशिक्षण प्राप्त किया है। उन्होंने सेना में विभिन्न पदों पर 43 वर्षों तक देश की सेवा की और 30 सितंबर, 2007 को सेवानिवृत्त हुए।

निजी जीवन

जनरल जे.जे. सिंह की शादी अनुपमा सिंह से हुई है और उनके एक बेटा और एक बेटी भी है। सेना से सेवानिवृत्त होने के बाद जनवरी 2008 में वे अरुणाचल प्रदेश के राज्यपाल बनाए गए।

□

जनरल दीपक कपूर

संक्षिप्त जीवन-वृत्त

जन्म	:	1948
भारतीय सेना में कमीशन	:	जून 1967 में (11 आर्टिलरी रेजीमेंट)
कमांड	:	30 सितंबर, 2007
युद्ध	:	भारत और पाकिस्तान के बीच 1971 की लड़ाई और स्वतंत्र बँगलादेश निर्माण में अहम भूमिका
सेवा–अवधि	:	1967 –2010

सम्मान व उपलब्धियाँ

1. मानद कर्नल—ब्रिगेड ऑफ गाड्‌र्स
2. पुरस्कार परम विशिष्ट सेवा पदक (पीवीएसएम)
3. अति विशिष्ट सेवा पदक (एवीएसएम)
4. विशिष्ट सेवा पदक (वीएसएम)
5. सेना पदक (एसएम)
6. सोमालिया द्वितीय में संयुक्त राष्ट्र ऑपरेशन

7. आतंकवाद के खिलाफ सैन्य अभियान Counter Insurgency (COIN) ऑपरेशन

जनरल दीपक कपूर ने 30 सितंबर, 2007 में थल सेना के तेईसवें प्रमुख का पदभार सँभाला। उनका जन्म 1948 में हुआ। उन्हें जून 1967 में ग्यारह आर्टिलरी रेजीमेंट में कमीशन मिला। अपने चालीस साल के कॅरियर में उन्होंने कई उपलब्धियाँ हासिल कीं। इस दौरान उन्होंने कई महत्त्वपूर्ण पदों की जिम्मेदारियाँ सँभालीं।

उनका कार्यकाल एक पेशेवर और उत्साही सिपाही के रूप में रहा है। 1971 में भारत-पाक युद्ध में भारत की जीत और स्वतंत्र बँगलादेश के निर्माण में उन्होंने अहम योगदान दिया। वे वेलिंगटन में रक्षा सेवा स्टाफ कॉलेज के एक पूर्व छात्र रह चुके हैं। उन्होंने नई दिल्ली में नेशनल डिफेंस कॉलेज में उच्च कमान का कोर्स भी पूरा किया है। वर्ष 1994-95 के दौरान भारतीय सेना में विशिष्ट योगदान देने और शानदार प्रयासों के लिए जनवरी 1996 में उन्हें विशिष्ट सेवा पदक (VSM) से सम्मानित किया गया। जनरल कपूर ने सोमालिया में संयुक्त राष्ट्र संघ के दूसरे चरण के ऑपरेशन में मुख्य परिचालन अधिकारी के रूप में अपना अहम योगदान दिया।

कई महत्त्वपूर्ण कोर की कमान सँभाली

जनरल कपूर ने भारत-पाक की अति संवेदनशील सीमाओं पर कई महत्त्वपूर्ण ऑपरेशनों में भाग लिया। उन्होंने जम्मू और कश्मीर के उड़ी सेक्टर और कश्मीर में 161 इन्फैंट्री की कमान सँभाली। उन्होंने शानदार नेतृत्व क्षमता और प्रधानमंत्री कार्यालय से बेहतर तालमेल बनाए रखने में अन्य इकाइयों को कुशलतापूर्वक निर्देशित किया। कर्तव्य के प्रति उनकी इस समर्पण भावना के कारण उन्हें 1998 में सेना पदक से भी सम्मानित किया गया। वर्ष 2001-2002 में ऑपरेशन पराक्रम के दौरान एक स्ट्राइक कोर के हिस्से के रूप में उन्होंने माउंटेन डिवीजन की कमान सँभाली।

असम में उग्रवाद विरोधी मुहिम से सख्ती से निपटने के लिए उन्हें तेजपुर में चार कोर के चीफ ऑफ स्टाफ के रूप में तैनात किया गया। इसके अलावा उन्होंने पश्चिम बंगाल के सिलीगुड़ी 33वीं कोर की कमान सँभाली। एक कोर कमांडर के रूप में उनकी विशिष्ट सेवा के लिए जनवरी 2006 में उन्हें सेना के अति विशिष्ट सेवा पदक (AVSM) से सम्मानित किया गया।

सेना के कमांडर की नियुक्ति की ऊँचाई पर जनरल कपूर ने शिमला में सेना के प्रशिक्षण केंद्र (ARTRAC) की कमान सँभाली। इसके बाद उनकी तैनाती उत्तरी कमान के सबसे संवेदनशील इलाकों में की गई। उनके पराक्रम और काबिलियत को देखते हुए उन्हें आतंकवाद के खिलाफ सैन्य अभियान Counter Insurgency (COIN) ऑपरेशन में शामिल किया गया। अपने सूझ-बूझ और नेतृत्व क्षमता और अथक प्रयासों के कारण उन्होंने सीमा पर घुसपैठ को रोका और साथ ही स्थानीय जनता का दिल भी जीता। उनके इन सराहनीय प्रयासों के लिए जनवरी 2007 में उन्हें परम विशिष्ट सेवा पदक (PVSM) से सम्मानित किया गया।

जनरल कपूर को सशस्त्र बलों के सर्वोच्च कमांडर भारत के राष्ट्रपति के अंगरक्षक के रूप में भी नियुक्त किया गया। उन्होंने आर्टिलरी रेजीमेंट के वरिष्ठ कर्नल कमांडेट के पद को भी सुशोभित किया। चीफ ऑफ आर्मी स्टाफ समेत अन्य महत्त्वपूर्ण पदों पर रहने के दौरान जनरल कपूर ने देशहित और सैन्यकर्मियों की बेहतरी के लिए कई काम किए।

उन्होंने दूरगामी प्रभाव के साथ उच्चतम स्तर पर महत्त्वपूर्ण निर्णय लेने में अहम भूमिका निभाई। दुनिया की दूसरी सबसे बड़ी सेना के प्रमुख के तौर पर उन्होंने परिचालन तैयारियों से भविष्य के लिए हथियारों और उपकरणों की खरीद के मानव प्रबंधन को लेकर भारतीय सेना की बेहतरी पर खासा ध्यान दिया।

खेलों में गहरी रुचि

जनरल कपूर को खेलों से भी खासा लगाव रहा है। इसके अलावा वे विभिन्न स्तरों पर हॉकी, बास्केटबॉल और टेनिस मैच भी खेलते रहते हैं।

निजी जीवन

जनरल कपूर ने इंदिरा गांधी राष्ट्रीय मुक्त विश्वविद्यालय (IGNOU) से राजनीति विज्ञान, व्यापार प्रबंधन और सैन्य विज्ञान में मास्टर डिग्री प्राप्त की। उनकी शादी कीर्ति कपूर से हुई है और उनके दो बच्चे भी हैं।

□

जनरल विजय कुमार सिंह

संक्षिप्त जीवन-वृत्त

जन्म	:	10 मई, 1959
भारतीय सेना में कमीशन	:	जून 1970 को (14 राजपूत रेजीमेंट, सेकेंड बटालियन)
कमांड	:	नवंबर 2010
सेवा–अवधि	:	43 साल

सम्मान और उपलब्धियाँ

1. परम विशिष्ट सेवा पदक (पीवीएसएम)
2. विशिष्ट सेवा पदक (वी.एस.एम.)
3. 'ऑपरेशन पवन' के दौरान उनकी विशिष्ट सेवा के लिए युद्ध सेवा पदक
4. रेंजर टैब
5. ब्रिगेड ऑफ गाड्र्स की मानद उपाधि कर्नल।

11 मार्च, 2011 को जनरल सिंह संयुक्त राज्य अमेरिका के आर्मी वार कॉलेज (2001 में स्नातक की कक्षा) अंतरराष्ट्रीय अध्येता हॉल

ऑफ फेम में शामिल किए गए थे। इस सम्मान को पानेवाले वे 33वें अंतरराष्ट्रीय फेलो और भारतीय सशस्त्र बल के पहले अधिकारी हैं। जनरल विजय कुमार सिंह ने नवंबर 2010 में थल सेना के चौबीसवें चीफ ऑफ आर्मी स्टाफ का पदभार सँभाला। उनका जन्म 10 मई, 1959 को महाराष्ट्र के पुणे में हुआ।

प्रारंभिक जीवन और शिक्षा

विजय कुमार सिंह मूल रूप से हरियाणा के भिवानी जिले के हैं। भारतीय सेना में वे अपने परिवार के तीसरी पीढ़ी के अधिकारी हैं। उनके पिता भारतीय सेना और दादा एक जूनियर कमीशंड अधिकारी (जूनियर कमीशन अफसर) में कर्नल थे। वी.के. सिंह ने स्कूली शिक्षा राजस्थान के पिलानी में स्थित बिरला पब्लिक स्कूल से की।

सैन्य कॅरियर

वी.के. सिंह का सैन्य कॅरियर जून 1970 में 14 राजपूत रेजीमेंट (चंदी काली) की सेकेंड बटालियन में कमीशन प्राप्त करने से शुरू हुआ। वे पाकिस्तान की सीमा पर नियंत्रण रेखा पर तैनात रहे। वहाँ उन्होंने एक इकाई की कमान सँभाली।

वी.के. सिंह ने संयुक्त राज्य अमेरिका सेना इन्फैंट्री स्कूल और कार्यालय में संयुक्त राज्य अमेरिका आर्मी वार कॉलेज, पेनसिल्वेनिया में रेंजर्स कोर्स से स्नातक की डिग्री हासिल की और रक्षा सेवा स्टाफ कॉलेज से स्नातक किया।

सिंह को बगावत विरोधी अभियानों पर काबू पाने और उच्च ऊँचाई ऑपरेशनों के सफलतापूर्वक संचालन का अनुभव है। वी.के. सिंह ने 1971 के बँगलादेश युद्ध में अपनी अहम भूमिका निभाई। अपने कार्यकाल के दौरान उन्होंने सेना के विभिन्न पदों पर रहते हुए कई महत्त्वपूर्ण मुकाम हासिल किए। आतंकवाद विरोधी कमान के सफलतापूर्वक संचालन और

कुशल नेतृत्व क्षमता और विशिष्ट सेवा के लिए उन्हें विशिष्ट सेवा मेडल (VSM) से सम्मानित किया गया।

कार्यकाल के दौरान इन महत्त्वपूर्ण पदों पर रहे–

1. सेना मुख्यालय में बतौर मिलिट्री ऑपरेशनल महानिदेशक।
2. ऑपरेशन पराक्रम के दौरान एक कोर के ब्रिगेडियर जनरल स्टाफ।
3. भारतीय सैन्य प्रशिक्षण दल (आईएमटीआरएटी), भूटान मुख्यालय में प्रशिक्षक।

जनरल वी.के. सिंह को 31 मार्च, 2010 को सेनाध्यक्ष बनाया गया। श्री सिंह जनरल के पद पर लगभग 26 माह तक रहे। 31 मई, 2012 को वे थल सेनाध्यक्ष के पद से सेवानिवृत्त हुए।

□

जनरल बिक्रम सिंह

संक्षिप्त जीवन-वृत्त

जन्म	:	1953
भारतीय सेना में कमीशन	:	31 मार्च, 1972 को (सिख लाइट इन्फैंट्री)
रैंक	:	जनरल
कमांड	:	31 मई, 2012
सेवा-अवधि	:	1972 से 31 जुलाई, 2014

सम्मान और उपलब्धियाँ

1. परम विशिष्ट सेवा पदक (पीवीएसएम)
2. उत्तम युद्ध सेवा पदक (यूवाईएसएम)
3. अति विशिष्ट सेवा पदक (एवीएसएम)
4. सेना पदक (एसएम)
5. विशिष्ट सेवा पदक (वीएसएम)
6. थल सेनाध्यक्ष बननेवाले दूसरे सिख।
7. इन्फैंट्री स्कूल में युवा अधिकारी के पाठ्यक्रम में सर्वश्रेष्ठ युवा अधिकारी।

8. सर्वश्रेष्ठ रणनीतिकार के रूप में सर्वश्रेष्ठ कमांडो और कमांडो डैगर दोनों उपाधि से सम्मानित।

जनरल बिक्रम सिंह ने 31 मई, 2012 को जनरल वी.के. सिंह के सेवानिवृत्त होने के बाद भारतीय सेना के पच्चीसवें थल सेना प्रमुख के रूप में कमान सँभाली। इससे पहले वे पूर्वी कमान के प्रमुख रहे। थल सेनाध्यक्ष बननेवाले वे दूसरे सिख हैं। उनसे पहले जनरल जे.जे. सिंह सेना प्रमुख रह चुके हैं।

जनरल बिक्रम सिंह का विवाह सुरजीत कौर से हुआ। उनके दो बच्चे हैं। जनरल सिंह ने देश में दो विषयों में और अमेरिका से सामरिक रक्षा अध्ययन में स्नात्तकोत्तर किया है। खेलों में उनकी विशेष रुचि रहती है। एथलेटिक्स और हॉकी उनके पसंदीदा खेल हैं।

सैन्य कॅरियर

राष्ट्रीय रक्षा अकादमी में 40वें पाठ्यक्रम से स्नातक जनरल बिक्रम सिंह को 31 मार्च, 1972 को सिख लाइट इन्फैंट्री में कमीशन मिला। इन्फैंट्री स्कूल में युवा अधिकारी के पाठ्यक्रम में उन्हें सर्वश्रेष्ठ युवा अधिकारी घोषित किया गया। जनरल बिक्रम सिंह कमांडो भी रह चुके हैं। इस दौरान उन्हें सर्वश्रेष्ठ रणनीतिकार के रूप में सर्वश्रेष्ठ कमांडो और कमांडो डैगर दोनों उपाधि से सम्मानित किया गया। बाद में उन्होंने इन्फैंट्री स्कूल के कमांडो विंग में बतौर प्रशिक्षक के रूप में सेवा की।

चालीस वर्षों के सैन्य कॅरियर में जनरल सिंह विभिन्न अहम पदों पर रहे। उन्होंने उत्तर-पूर्व समेत जम्मू एवं कश्मीर के आरआरएस क्षेत्र और उत्तरी कमान में एक इन्फैंट्री डिवीजन की भी कमान सँभाली। इसके अलावा उन्होंने उत्तरी सेक्टर में नियंत्रण रेखा पर एक इन्फैंट्री बटालियन की कमान सँभाली। उन्होंने 15वीं कोर और पूर्वी कमान की कमान सँभाली। इसके अलावा जनरल सिंह ने संयुक्त राष्ट्र के तीन शांति मिशनों में भी सेवा की है।

जनरल बिक्रम सिंह को डायरेक्टर जनरल स्टाफ कर्तव्यों (डीजीएस ऐंड डी) के रूप में सेवा करने के लिए लेफ्टिनेंट जनरल, सैन्य मुख्यालय भेजा गया।

उन्होंने जीओसी-इन-सी पूर्वी कमान के जीओसी, 15वीं कोर के जीओसी राष्ट्रीय राइफल्स और कांगो लोकतांत्रिक गणराज्य में पूर्वी डिवीजन के जीओसी के पदों पर अपनी सेवाएँ दी हैं। अपने कार्यकाल के दौरान उनकी पोस्टिंग सबसे ज्यादा जम्मू एवं कश्मीर में रही।

□

जनरल दलबीर सिंह सुहाग

जिस पिता ने पूरी जिंदगी पैदल सिपाही की ड्यूटी बजाते हुए काटी, उसके बेटे ने 31 जुलाई, 2014 को देश के सेना प्रमुख का पदभार सँभाल लिया। सेना प्रमुख यानी भारतीय सेना का सबसे बड़ा अफसर। हरियाणा के झज्जर जिले के बिसन गाँव के 84 साल के रामफल सिंह सुहाग के लिए इससे बड़ा गर्व का पल और क्या हो सकता है!

बिसन गाँव—एक ऐसा गाँव, जहाँ के लगभग हर परिवार का एक बेटा सेना में है। गाँव की परंपरा के मुताबिक, घर के मर्द बाहर काम करते थे और महिलाएँ घर सँभालती थीं। उसी गाँव के सिपाही रामफल सिंह का सपना था कि उनका बेटा सेना में ऑफिसर बने। 31 जुलाई को जब लेफ्टिनेंट जनरल दलबीर सिंह सुहाग देश के 26वें सेना चीफ बने तो उनके पिता रामफल सिंह अपने सपने को याद करते हुए या इस सच को देखकर आह्लादित हो गए और कह उठे, 'पहले मैं बड़े अफसरों को सलाम किया करता था, आज मेरा बेटा सेना के सबसे बड़े ओहदे पर पहुँच गया है। मैं बहुत खुश हूँ। मैं यह भी जानता हूँ कि वह पूरी शिद्दत से हमारे देश की सेवा करेगा।' जनरल एस.एच.एफ.जे. मानेकशॉ (बाद में फील्ड मार्शल के रैंक से सम्मानित किए गए) और जनरल जी.जी. बेवूर के बाद वे तीसरे सेना प्रमुख हैं, जो गोरखा ब्रिगेड में शामिल थे या इस ब्रिगेड से संबंधित थे।

जनरल सुहाग ने ऐसे वक्त में सेना की बागडोर सँभाली है, जब सेना बदलाव के दौर से गुजर रही है। उनके पास सेना को आधुनिक और हाईटेक बनाने की चुनौती भी है। चीन और पाकिस्तानी मोरचे पर डटे रहने की मजबूरी भी जनरल सुहाग के सामने है। आतंकवाद का राक्षस भी मुँह बाए खड़ा है। चाहे आतंरिक आतंकवाद हो या फिर सीमापार का आतंकवाद। लेकिन दुनिया की महान् और बहादुर सेना का प्रमुख होना गौरव की बात है। भारतीय सेना बहुत बहादुर और सशक्त है। बतौर जनरल दलबीर सिंह सुहाग सेना को नई ऊँचाइयों पर ले जाने की पूरी कोशिश में हैं। भारतीय सैनिक बहुत जाँबाज हैं, उनके कल्याण और प्रशिक्षण पर उनका खास ध्यान है।

18 कैवलरी रेजीमेंट से सूबेदार मेजर से रिटायर हुए रामफल सिंह की दो पीढ़ियों ने सेना में जूनियर रैंक की सेवा दी। इसी दौरान रामफल सिंह ने फैसला किया कि उनके बच्चे इस परंपरा को तोड़ेंगे और वे सेना को लीड करेंगे। वे चाहते थे कि दलबीर न केवल सेना में कमीशंड ऑफिसर बने, बल्कि आर्मी में टॉप रैंकिंग ऑफिसर की भूमिका अदा करे। लिहाजा उसे प्रेरित करने के लिए वह सेना के तमाम किस्से सुनाते और बताते कि किस तरह सैनिक खुद का जीवन जोखिम में डालकर देश की सीमाओं की रक्षा करते हैं। वह उसे यह भी समझाते कि देशवासियों के मन में सैनिकों के प्रति कितना सम्मान होता है।

बचपन से दलबीर को सैनिक की वरदी बहुत अच्छी लगती थी। रामफल सेना के पैदल सिपाही थे। जब भी वह छुट्टियों में अपने घर आते, तो परिवारजनों को सैनिकों के शौर्य और वीरता के तमाम किस्से सुनाते थे। जिन्हें बालक दलबीर खूब चाव से सुनता।

दलबीर कक्षा 4 तक गाँव के प्राइमरी स्कूल में ही पढ़े। दलबीर की शुरुआती शिक्षा गाँव के ईंटों वाले दो कमरों के प्राथमिक विद्यालय में हुई। वे बताते हैं कि वे कमरे भी बड़ी कक्षाओं के बच्चों के लिए थे। उनके सहित दूसरे बच्चों को पेड़ के नीचे जमीन पर बैठाया जाता था।

सन् 1961 में भारत सरकार ने कई राज्यों में लड़कों के लिए रिहायशी पब्लिक स्कूल—सैनिक विद्यालय स्थापित करने का फैसला किया, ताकि ये विद्यालय राष्ट्रीय रक्षा अकादमी (एनडीए) जैसे प्रशिक्षण संस्थानों के विभिन्न अधिकारियों के लिए सहायक विद्यालय के तौर पर कार्य करें।

राजस्थान का सैनिक विद्यालय, चित्तौड़गढ़ (एसएससी) भी इनमें से एक था। जनरल दलबीर के ताऊजी विद्यालय में घुड़सवारी सिखाते थे और उन्होंने दलबीर को सैनिक विद्यालय में पढ़ाने का सुझाव दिया। इस तरह 15 जनवरी, 1965 को कैडेट दलबीर सिंह के सैन्य जीवन की शुरुआत हुई।

गाँव से दूर सैनिक स्कूल में उसे माँ ईशरी देवी के हाथ के बने खाने की खूब याद आती। घर में तो वे पिता की गैरहाजिरी में माँ से कभी किसी खास चीज की फरमाइश नहीं करते। उनकी माँ जो भी खाना बनाती थी, वह चुपचाप खा लेते, बिना किसी फरमाइश के। माँ को भी उनकी कमी खलती थी, पर वह जानती थीं कि बेटा एक बड़े मकसद के लिए उनसे दूर गया है, इसलिए जब भी मौका मिलता, वह उसके लिए शुद्ध देसी घी, चूरमा और लड्डू भेज देती थीं।

सैनिक स्कूल में जाने के बाद दलबीर सिंह का जीवन बदल गया था। वहाँ अनुशासन के साथ फिटनेस पर खास ध्यान दिया जाता था। वह जी-जान से पिता का सपना पूरा करने में जुटे हुए थे। स्कूल में उनका प्रदर्शन शानदार था। पिता को यह यकीन हो चला था कि दलबीर उनका सपना जरूर पूरा करेगा। जिस समय वह नौवीं कक्षा में आए, वह लगभग उतने ही लंबे थे, जितने वह आज हैं। उन्होंने जल्दी ही स्कूल में घुड़सवारी करनी शुरू कर दी थी, इसका फायदा बाद में उन्हें अपने जीवन में मिला। उनकी नेतृत्व क्षमता के काफी गुण कुंभा हाउस के हाउस कैप्टन के तौर पर सामने आने शुरू हो गए थे। उनका हाउस इस क्षेत्र के वीर राजपूत योद्धाओं-राजकुमारों के नामों पर बनाए गए नौ हाउसों में से एक था।

1971-72 की स्कूल जनरल रिपोर्ट में कुंभा हाउस के तत्कालीन

कैप्टन सुरेश कुमार इनानी, जिन्होंने जनरल दलबीर के राष्ट्रीय रक्षा अकादमी में आने के बाद कैप्टन का पद सँभाला, वे लिखते हैं, "इस सैनिक स्कूल के इतिहास में सभी विजेता हाउसों में से सबसे अधिक प्वॉइंट जीतने पर कुंभा हाउस वालों को अपनी उपलब्धि पर गर्व है।" इससे दलबीर की अद्भुत नेतृत्व क्षमता का पता चलता है, जिसके कारण उस वर्ष कुंभा हाउस सभी प्रतिस्पर्धाओं में ट्रॉफियाँ जीत पाया। लेकिन वे इस बीच जब-जब गाँव आते, खाली समय में खेती के कामों में हाथ बँटाते। अधिकतर गाँवों में युवाओं का जीवन आज भी शायद वैसा ही है। प्रत्येक गाँव में खाली समय में युवाओं को खेती के कामों में हाथ बँटाना पड़ता है।

वर्ष 1970 में जब वह नेशनल डिफेंस एकेडमी से जुड़े, तो इस बात की पहली सूचना उन्होंने पिता को दी। पिता को लगा कि बस पूरा हो गया सपना। उस समय उन्हें क्या पता था कि एक दिन उनका बेटा भारतीय सेना का सबसे बड़ा अफसर बन जाएगा, इतना बड़ा अफसर, जिसके ऊपर पूरे देश की सुरक्षा का जिम्मा होगा, इतना बड़ा अफसर कि तेरह लाख से ज्यादा सैनिक उसे सलाम करेंगे।

स्कूल के कैडेट मैस के 'सम्मानपट्ट' की सूची में कैडेट दलबीर सिंह (रोल न. 382) का नाम सभी कैडेटों में 82वें स्थान पर तथा 20 जुलाई, 1970 को एनडीए के 44वें कोर्स में शामिल होनेवाले 12 कैडेटों में से एक था।

एनडीए का परिवेश उनके स्कूल का विस्तार भर था, लेकिन इसका स्तर थोड़ा बड़ा तथा प्रतिस्पर्धात्मक था। अपने स्कूल में होनेवाली आउटडोर तथा खेल संबंधी दूसरी गतिविधियों में भाग लेते रहने के कारण वे एनडीए के जल्दी ही बहुत अच्छे एथलीट तथा उत्कृष्ट खिलाड़ी बन गए। घुड़सवारी में कुशलता के कारण वे एनडीए के पोलो तथा घुड़सवारी क्लब के अध्यक्ष भी बने।

एनडीए में शामिल होने के बाद दलबीर तेजी से एक के बाद एक बड़े ओहदे पर पहुँचते गए। जून 1974 में उन्हें 4/5 जीआर (एफएफ) कमीशन

प्राप्त हुआ था। जो सेना के नामकरण से ज्यादा परिचित नहीं है, उनको आसानी से समझने के लिए 4/5 जीआर (एफएफ) का मतलब 5वीं गोरखा राइफल्स (फ्रंटियर फोर्स) की चौथी बटालियन से है। जनरल दलबीर सिंह का गोरखा रेजीमेंट को चुनने के बारे में कहना है कि वह मेरा एक सोचा-समझा फैसला था, क्योंकि मैं केवल पैदल सेना (इनफैंट्री) में ही शामिल होना चाहता था। इसमें कोई शक नहीं कि दुनिया में सबसे बढ़िया जवान गोरखा रेजीमेंट के हैं, वे अपनी बहादुरी के लिए भी प्रसिद्ध हैं।

छह फीट के बलिष्ठ नए सेना प्रमुख का न केवल सेना में बल्कि गोरखा बलों के लिए राष्ट्रभक्त के तौर पर भी काफी ऊँचा स्थान है, क्योंकि वे उनके सबसे वरिष्ठ सेवारत जनरल हैं। उनकी देशभक्ति को देखते हुए उनकी दो रस्मी नियुक्तियाँ की गई हैं। 19 अप्रैल, 2011 से उन्हें 5 जीआर (एफएफ) रेजीमेंट का कर्नल और 1 जनवरी, 2014 से गोरखा ब्रिगेड का अध्यक्ष नियुक्त किया गया है।

हालाँकि भारतीय सेना की पुरानी परंपराओं के अनुसार सेना प्रमुख को कई अन्य सैन्य और रेजीमेंट का 'सम्मानित कर्नल' बनाया जाता है।

गोरखा रेजीमेंट में शामिल होने के दौरान दलबीर सिंह ने अपने खानपान और फिटनेस का पूरा खयाल रखा। रोजाना दस किलोमीटर दौड़ना उनकी दिनचर्या में शामिल है। इस बीच दिल्ली यूनिवर्सिटी की छात्रा नमिता से उनकी शादी हो गई। एक सुंदर, सजीले और युवा कैप्टन सुहाग को आर्मी स्कूल ऑफ मेकैनिकल ट्रांसपोर्ट, बंगलौर में बतौर अनुदेशक नियुक्त किया गया। तब तक वह अविवाहित थे और 1982 के एशियाई खेलों के दौरान छुट्टी पर दिल्ली आए थे। उनके एक दोस्त ने सुझाव दिया कि उनके लिए एक सेवानिवृत्त नौसैनिक अधिकारी की बेटी का रिश्ता है, जिस पर उन्हें विचार करना चाहिए। उन्होंने हामी भर दी और अपनी होनेवाली पत्नी से मिले, इसके बाद उन्होंने अपने माता-पिता को रीति-रिवाज और अन्य औपचारिकताएँ पूरी करने को कह दिया। बाद में उनका विवाह परंपरागत रूप से 7 फरवरी, 1984 को दिल्ली में हुआ।

कई दशक बीत जाने के बाद वधू के घर पर घटित हुई एक रोचक घटना आज भी चेहरों पर मुसकान ला देती है। दरअसल घर में लड़कियों ने गलती से शादी की बातचीत करने आए कैप्टन दलबीर के बड़ी उम्र के मित्र को ही 'वर' समझ लिया था।

आनेवाले के सिर में सफेद बाल थे और उसकी उम्र काफी बड़ी दिख रही थी। दिल्ली विश्वविद्यालय से राजनीति विज्ञान की स्नातक विदुषी नमिता, जिसके लिए यह शादी का प्रस्ताव आया था, उन्हें देखकर निराशा से लगभग रो पड़ी, लेकिन जल्दी ही उन्हें और उनके भाई-बहनों को अपनी गलती का पता लग गया और उन्होंने चैन की साँस ली। जब एक दिन लंबे और सजीले अफसर कैप्टन दलबीर उनके यहाँ पहुँचे, तो उनके अच्छे व्यवहार और सज्जनतापूर्ण तरीके से नमिता भावुक होकर शरमा गई और उनके भाई-बहन बहुत प्रभावित हुए।

अब इस दंपती के परिवार में दो बेटियाँ—पल्लवी और प्रिया तथा बेटा साहिल हैं। सबसे बड़ी बेटी पल्लवी की शादी निशांत से हुई है। इस तरह उनका भरा-पूरा परिवार है।

इसके बाद दलबीर भारत और विदेशों में विभिन्न कॅरियर पाठ्ययमों में शरीक हुए, जिनमें इंडियन मिलिटरी अकेडमी, देहरादून में उन्हें बतौर प्रशिक्षक लगाया गया। वर्ष 1997-98 के दौरान उन्होंने सीडीएम सिकंदराबाद में लांग डिफेंस मैनेजमेंट कोर्स (एलडीएमसी) किया। 2006 में नई दिल्ली में कॉलेज ऑफ डिफेंस स्पेशल फ्रंटियर फोर्स से इस कोर्स को पूरा करने के बाद उन्होंने अमेरिका से एक्जीक्यूटिव कोर्स और उसके बाद 2007 में केन्या से सीनियर मिशन लीडर पाठ्यक्रम (संयुक्त राष्ट्र) का प्रशिक्षण लिया।

उनके कॅरियर में सबसे बड़ी चुनौती आई 1987 में। वह श्रीलंका में भारतीय शांति सेना के 'ऑपरेशन पवन' में शामिल हुए। यह अभियान काफी महत्त्वपूर्ण था। भारतीय सेना के सामने श्रीलंका के जाफना इलाके को लिट्टे के कब्जे से आजाद कराने का लक्ष्य था। 1980 के दशक में

श्रीलंका गृहयुद्ध की आग में जल रहा था। तमिल राष्ट्रवादी समूह ने जाफना द्वीप पर कब्जा कर रखा था। श्रीलंका की सेना लिट्टे का मुकाबला नहीं कर पा रही थी। ऐसे में श्रीलंका की सरकार ने भारत से मदद की गुहार लगाई थी।

भारत ने ऑपरेशन पवन के तहत श्रीलंका में गृहयुद्ध खत्म करने के लिए शांति सेना भेजी थी। भारतीय सैनिकों और लिट्टे के बीच 11-25 अक्तूबर, 1987 तक भीषण लड़ाई हुई थी। ऑपरेशन पवन में करीब 1200 भारतीय सैनिक शहीद हुए।

ऑपरेशन पवन के दौरान श्रीलंका के जाफना द्वीप को लिट्टे के कब्जे से आजाद कराने पहुँची भारतीय सेना के हाथ बँधे थे। जाफना की घनी आबादी वाले इलाके में लिट्टे के अड्डे थे। लड़ाई में आम जनता की जान और संपत्ति को कम-से-कम नुकसान पहुँचे, इसलिए भारतीय सेना को टैंक, तोप और अन्य भारी हथियारों के इस्तेमाल से रोका गया था।

भारतीय शांति सेना की योजना जाफना सिटी में मौजूद मुख्यालय पर कब्जा कर लिट्टे को अपंग बनाने की थी। श्रीलंका की सेना कई वर्षों से लिट्टे के मुख्यालय पर कब्जा करने की कोशिश कर रही थी, लेकिन हर बार वह नाकाम हो जाती थी। लिट्टे के गढ़ पर कब्जा करने की यह जंग ब्रिगेडियर जे. राली के नेतृत्व में भारतीय सेना की 91वीं ब्रिगेड ने लड़ी थी। भारतीय शांति सेना ने तीन हफ्तों में जाफना सिटी से लिट्टे को भागने पर मजबूर कर दिया था।

जाफना सिटी में प्रवेश करने के बाद भारतीय शांति सेना को हर गली और चौराहे पर लिट्टे का सामना करना पड़ा था। भारतीय सैनिक भारी हथियारों से लैस लिट्टे के गुरिल्लों से लोहा ले रहे थे। घनी शहरी आबादी में गुरिल्ला लड़ाके घरों में पहले से तैनात थे, जबकि भारतीय सैनिक सड़क पर खुले में थे। श्रीलंका की सेना के साथ तीन साल तक चली लड़ाई के दौरान गुरिल्लों ने शहर में बड़े पैमाने पर किलेबंदी कर रखी थी। जहाँ से वे भारतीय सेना पर हमला कर रहे थे, जिससे वे भारतीय

सैनिकों की गोलियों से बच जाते थे।

उस समय देहरादून के सैन्य अकादमी में प्रशिक्षक के रूप में तैनात दलबीर सिंह को जब यह पता चला कि उनकी बटालियन जाफना पहुँचते ही दुश्मन के बड़े हमले में कमांडिंग अफसर सहित कई अफसर और जवानों को खो चुकी है, उन्होंने तुरंत प्रतिनियुक्ति समाप्त करवा मोरचे पर वापसी की और स्वेच्छा से श्रीलंका जाने का प्रस्ताव दिया। दरअसल, बटालियन के जाफना पहुँचने के दूसरे दिन ही सुहाग के पास आईएमए में सूचना आई कि उनके कमांडिंग अफसर लेफ्टिनेंट कर्नल इंदर बाल सिंह बाबा सहित कुछ अन्य अफसर और सैनिक जाफना में दुश्मन के हमले में शहीद हो गए।

जनरल सुहाग के लिए यह पल बेहद मुश्किल थे, जिस रेजीमेंट में उन्होंने अपना कॅरियर शुरू किया, उनके सीओ, अफसर और जवान मारे गए। सुहाग के लिए अगली चुनौती यह थी कि शहीद कर्नल बाबा का परिवार उस समय देहरादून में था। मेजर सुहाग को जिम्मा दिया कि कर्नल बाबा के माता-पिता को इसकी सूचना दें। सुहाग अपने कमांडिंग अफसर के परिवार को जब यह दुःखद सूचना देने के बाद लौटे तो उन्होंने फैसला कर लिया कि वह अपनी बटालियन के साथ मोरचे पर लड़ेंगे। अकादमी इंस्ट्रक्टर के सुरक्षित माहौल के बदले सुहाग ने श्रीलंका के जोखिम और चुनौती भरे माहौल को चुना और 24 घंटे के अंदर वह अपनी यूनिट में पहुँच गए थे।

उन्होंने आईएमए कमांडेंट को अपने फैसले से अवगत करवाया कि वह इंस्ट्रक्टर तैनाती छोड़कर श्रीलंका जाना चाहते हैं। उच्च अधिकारियों ने सुहाग के फैसले के पीछे छिपे जज्बे को देखते हुए आवेदन के 24 घंटे में उन्हें श्रीलंका में रेजीमेंट ज्वॉइन करने की अनुमति दे दी। रेजीमेंट में वापस लौटने पर मेजर सुहाग को कंपनी कमांडर बनाया गया। आईएमए की तैनाती छोड़कर मोरचे पर डटी बटालियन में मेजर सुहाग की वापसी ने जवानों और सहयोगी अफसरों का जज्बा दोगुना कर दिया।

भारतीय शांति सेना ने लिट्टे के नेताओं को पकड़ने के लिए जाफना यूनिवर्सिटी पर हेलीकॉप्टर से हमला करने की योजना बनाई थी। 10 पैरा कमांडो की एक कंपनी हमला करनेवाली थी, इसके साथ ही यह रास्ता ढूँढ़ने का काम भी करनेवाली थी। सिख लाइट इंफेंट्री की कंपनी इसके पीछे जानेवाली थी और आगे हेलीकॉप्टर से उतरकर हमला करनेवाले सैनिक जमीन पर जंग लड़ रहे सिपाहियों से मिल जानेवाले थे। 11/12 अक्तूबर, 1987 को इस योजना को अमल में लाया गया, लेकिन भारतीय सैनिक यह बात नहीं जानते थे कि लिट्टे के पास उन्नत जापानी रेडियो सेट थे, जिससे वे भारतीय शांति सेना की बातचीत सुन रहे थे।

लिट्टे के भारी मशीनगन के इस्तेमाल से 6 भारतीय कमांडो मारे गए थे और एमआई–6 हेलीकॉप्टर भी क्षतिग्रस्त होकर बेस पर लौट गया था। इसके बाद सिख एलआई प्लाटून के हेलीकॉप्टर हमले के लिए आगे बढ़े, लेकिन वे भी भारी गोलीबारी में फँस गए। भारतीय कमांडो और लिट्टे के बीच रात भर लड़ाई हुई। सुबह होते ही बटालियन कमांडर लेफ्टिनेंट दलबीर सिंह सुहाग की अगुआई में टी 72 टैंकों का एक दल पहुँच गया। टैंकों के पहुँचने से रात भर भारी फायरिंग में फँसे जवानों को राहत मिली और भारतीय सेना ने यूनिवर्सिटी पर कब्जा कर लिया।

उस दौरान श्रीलंका में तीन वर्ष तक चले अभियान से लिट्टे पूरी तरह बौखला गया था। लिट्टे की तरफ से हर जगह सुहाग के पोस्टर चिपका दिए गए थे कि उन्हें भारत जिंदा वापस लौटने नहीं दिया जाएगा। सुहाग को निशाना बनाकर कई बार हमले भी किए गए। इसी समय कौल में एक बार छह उग्रवादियों के दल ने हमला बोल दिया था।

आमने–सामने हुई इस लड़ाई में उनकी गोलियाँ खत्म हो गई और वे कोहनियों के बल करीब दो एकड़ की दूरी तय कर एक पेड़ की ओट में आकर छिप गए। सुहाग को घिरता देख वायरलैस ऑपरेटर ने अपनी स्टेनगन उनकी ओर फेंक दी। इसके बाद उन्होंने सभी छह उग्रवादियों को मार गिराया। श्रीलंका सरकार ने भी उनकी उपलब्धि पर उन्हें सेना मेडल के

अलावा विशिष्ट सेना मेडल से नवाजा था। शुरू से ही धुन के पक्के दलबीर सुहाग ने अपने जीवन में जो ठान लिया, उसे पूरा किया है।

मेजर सुहाग ऑपरेशन पूरा होने के दो बरस तक बटालियन के साथ श्रीलंका में कई सैन्य ऑपरेशनों का हिस्सा बने। जनरल सुहाग के सैन्य जीवन का यह सबसे अहम फैसला माना जाता है, जिससे उनका अपने सैनिकों के साथ जुड़ाव और गहरा हुआ। इसी जुड़ाव के चलते जनरल सुहाग 5 गोरखा के पहले कर्नल ऑफ द रेजीमेंट बने उसके बाद 1 जनवरी, 2014 को प्रेजीडेंट गोरखा ब्रिगेड बन गए।

इसके बाद दलबीर को एक और अहम जिम्मेदारी दी गई। बात है जुलाई 2003 की। उन्हें कश्मीर में आतंकवाद विरोधी बल की कमान दी गई। उन्होंने इस जिम्मेदारी को बखूबी निभाया। जनरल सुहाग ने 2003-05 में कश्मीर घाटी में विद्रोह को कुचलने में भी 53 पैदल सेना का नेतृत्व किया था।

अगर इन इलाकों में आतंकियों के सफाए के इतिहास पर नजर डालें, तो ये वे बेहतरीन साल थे, जब दहशतगर्दों को मुँहतोड़ जवाब मिला और इन क्षेत्रों में बेहद कम घुसपैठ हुई। इसी दौरान इस इलाके में कुदरत की वे मेहरबानियाँ देखी गईं, जो भौगोलिक स्तर पर भारत जैसे देश के लिए खतरा हैं; जैसे—पुंछ के इलाके में कई घाटियाँ हैं, नाले हैं। पीर-पंजाल की पहाड़ी, पुंछ की घाटी को कश्मीर घाटी से अलग कर देती है। हालाँकि, इस क्षेत्र में अपेक्षाकृत अधिक ठंड पड़ती है और गरमी के महीने बेहद छोटे होते हैं, परंतु इन गरमियों में मौसम इतना साफ हो जाता है कि दर्रे, नाले व घाटी के जरिए घुसपैठ के मौके बढ़ जाते हैं। यही सब मिलकर वे स्थितियाँ बनाती हैं कि दहशतगर्द हमारी सीमा में घुस जाते हैं या फिर हमारे जवानों पर घात लगाकर हमले करते हैं।

नियंत्रण-रेखा से 500 से 1000 मीटर पीछे बाड़ लगी होती है। यहाँ रात के वक्त गश्ती के लिए छोटी-छोटी टुकड़ियाँ भेजी जाती हैं। अकसर यह देखा गया है कि इन टुकड़ियों पर पाकिस्तानी सीमा से या दर्रों से घुस

आए दहशतगर्द हमले करते हैं या फिर पाकिस्तानी फौज गोलीबारी शुरू कर देती है। रात के वक्त में इनकी टोह लेना आसान नहीं, इसलिए अकसर भारतीय सेना को अधिक नुकसान होता है।

वर्ष 2007 में उन्हें कारगिल में माउंटेन डिविजन की कमान सौंपी गई। यह बड़ी जिम्मेदारी थी। यहाँ भी दलबीर ने अपनी कुशलता और वीरता का परिचय दिया। दिसंबर 2007 की कड़कड़ाती ठंड। कश्मीर के फॉरवर्ड पोस्ट पर जवानों की टुकड़ी डिनर करने जा रही थी, तभी ऐसा मेहमान सामने आ गया, जिसे देख उनकी भूख मिट गई। उनके सामने खड़े थे उस इलाके के जनरल–अफसर–कमांडिंग दलबीर सिंह सुहाग। करीब 6 घंटे तक घुटने बराबर बर्फ में वे 18 हजार फीट की ऊँचाई पर जवानों से मिलने पहुँचे थे। उनसे पहले कोई भी आर्मी कमांडर इस फॉरवर्ड पोस्ट पर नहीं आया था। जवानों ने उछलकर उनका स्वागत किया। सुहाग ने उनके साथ बैठकर मक्के की रोटी और सरसों का साग खाया। उनके साथ तीन घंटे बिताए। फिर वापस छह घंटे चल अगली सुबह बटालिक लौटे। जनरल–ऑफिसर–कमांडिंग लेफ्टिनेंट जनरल दलबीर सिंह सुहाग से महज 80 मीटर की दूरी पर स्थित पाकिस्तानी पोस्ट में मौजूद सिपाही तक इतने प्रभावित हुए कि उन्होंने भी भारतीय जनरल के हौसले और जज्बे को सैल्यूट किया।

लेफ्टिनेंट जनरल दलबीर सिंह सुहाग 3 कोर में चीन की साथ लगी सीमा पर ऑपरेशनल जिम्मेदारियाँ सँभाल चुके हैं। पाँच साल बाद यानी 16 जून, 2012 में उन्हें पूर्वी कमान का कमांडर बनाया गया। 31 दिसंबर, 2013 में वह सेना के उप प्रमुख बन गए।

जनरल सुहाग को आर्मी चीफ बनाना विवादों से घिरा रहा। साल 2012 में जनरल वी.के. सिंह ने लेफ्टिनेंट जनरल रहे दलबीर सुहाग के खिलाफ अनुशासनात्मक कारवाई की थी। यह कारवाई असम में एक खुफिया अभियान के सिलसिले में हुई थी। जनरल सुहाग उस वक्त 2 कोर कमांडर की भूमिका में थे। मई 2012 में सेना प्रमुख बनते ही जनरल

बिक्रम सिंह ने सुहाग पर लगे प्रतिबंध को हटा लिया। इसके बाद सुहाग के सेनाध्यक्ष बनने का रास्ता साफ हो गया।

यूपीए सरकार ने जनरल सुहाग को सेना प्रमुख बनाने का फैसला कर लिया था। हालाँकि इस पर भी कई सवाल उठे। उस वक्त विपक्ष ने कहा कि नए सेनाध्यक्ष पर फैसला नई सरकार पर छोड़ देना चाहिए।

सुप्रीम कोर्ट में भी सुहाग की नियुक्ति को रोकनेवाली याचिका डाली गई थी। लेकिन मोदी सरकार ने इस पर सुनवाई के वक्त पूर्व सेनाध्यक्ष वी.के. सिंह की काररवाई को अवैध बता दिया। इसी के बाद वी.के. सिंह ने तल्ख बयान दिए। उन्होंने यहाँ तक ट्वीट किया था कि 'रक्षा मंत्रालय ने वही एफिडेविट दिया है, जो आर्म्ड फोर्सेस ट्राइब्यूनल को 'बचानेवाली और धूर्त' यूपीए सरकार ने दिया था। इसमें नया क्या है?'

हाल के सालों में सुहाग परिवार के लिए परीक्षा की घड़ी रही; लेकिन इस कठिन परीक्षा में पारिवारिक संबंधों को मजबूत बनाया है। उन सबको यह पक्का विश्वास था कि परिजनों और मित्रों की शुभकामनाओं से वे जीत जाएँगे और उन्होंने यह बहुत अच्छे तरीके से किया भी। उनके पुराने पारिवारिक मित्रों तथा शुभचिंतकों की शुभकामनाएँ उनके साथ हैं और वे नए सेना प्रमुख तथा उनके परिवार को मजबूत संबंधों के लिए बधाई देते हैं।

सैन्य बलों में पारिवारिक जीवन की अपनी समस्याएँ होती हैं। सेना में शायद अधिकतर समस्याएँ जल्दी-जल्दी स्थानांतरणों के कारण होती हैं। जैसे-जैसे जनरल दलबीर का पद बढ़ा, उनकी जिम्मेदारियाँ कई गुना बढ़ती गईं। उनकी प्रोफाइल से उन मुश्किल क्षेत्रों का संकेत भी मिलता है, जहाँ वह रहे और जहाँ परिवार को ले जाने की अनुमति नहीं थी। इस समय जब जनरल सुहाग अपने परिवार के साथ नहीं थे, श्रीमती नमिता सुहाग ने अपने परिवार और बच्चों का बहुत अच्छी तरह ध्यान रखा।

फिर भी केवल उनका अपना परिवार नहीं था, जिसका उन्हें ध्यान रखना था। अलग हुए सैनिकों के परिवारों का भी वे ध्यान रखती थीं। श्रीमती सुहाग

कहती हैं, "वे हमारे परिवार के सदस्यों की तरह हैं। मैं जब भी हो सके उनके पास जाती हूँ, जिस भी तरीके से संभव हो, उनकी समस्याएँ सुलझाने की कोशिश करती हूँ।" ऐसा करके उन्होंने सेना की बेहतरीन कल्याणकारी रीति को बनाए रखा है, जिसमें अफसर और उनके परिजन बिना चूक के सेना की संस्कृति, भाषा और रीतियों को अपना लेते हैं।

श्रीमती सुहाग के अपने परिवार की सैनिक पृष्ठभूमि के कारण उनके लिए यह भूमिका निभाना थोड़ा सा आसान रहा होगा। आज जब वह भारतीय सेना की 'प्रथम महिला' होने के नाते आर्मी वाइव्स वेलफेयर एसोसिएशन की अध्यक्ष बनी हैं, तो सेना रूपी बड़ा परिवार और अच्छे तरीके से उनके स्नेह, समझ तथा भलाई की प्रवृत्ति का भागीदार रहेगा। इसमें 'वीर नारियों' का कल्याण भी शामिल है, जिनकी भूमिका सेना के लिए बहुत महत्त्वपूर्ण है।

एक तरीके से सेना के 'प्रथम परिवार' का सैन्य बलों के साथ लगाव देख पाना मुश्किल नहीं है। सब जानते हैं कि जनरल दलबीर के परिवार का पहले से ही सेना से संबंध रहा है, जिसमें उनके छोटे भाई सेना में गोरखा रेजीमेंट में कर्नल के रूप में सेवारत हैं। इसके अतिरिक्त उनकी दो बहनों की शादियाँ भी सेना के अधिकारियों से हुई हैं।

श्रीमती सुहाग के परिवार में भी उनके पिताजी नौसेना में रहे, उनके तीनों भाइयों ने भी सैन्य बलों में सेवाएँ दीं। उनके सबसे बड़े भाई अब सेना से सेवानिवृत्त हो चुके हैं। बाकी दो भाइयों ने नौसेना को चुना था, जिसमें से अब एक सेवानिवृत्त हो चुके हैं और दूसरे अभी कार्यरत हैं। उनकी बहन की शादी भी एक सेना अधिकारी से हुई है, जो परमवीर चक्र विजेता सेवानिवृत्त कर्नल होशियार सिंह के बेटे हैं।

यह वास्तव में एक जबरदस्त रिकॉर्ड है और इसीलिए यह कोई आश्चर्य का विषय नहीं है कि ऐसे परिवार से आए दलबीर सुहाग सेना प्रमुख बने हैं। उनके परिवार ने अपने बहुत सारे सदस्य देश की सेवा के लिए समर्पित किए हैं और उनका योगदान अमूल्य है।

जमीनी बंधनों से बँधे होने के बावजूद इनके घर में हमेशा गर्मजोशी का माहौल होता है। घर की आंतरिक साज-सज्जा भी बेहद सुरुचिपूर्ण है और इन सबसे श्रीमती सुहाग की रचनात्मक और कलात्मक अभिरुचि साफ दिखाई देती है। सबसे बढ़कर, परिवार के सब लोग इस बात का ध्यान रखते हैं कि उनके घर आनेवाला हरेक आदमी केवल मधुर स्मृतियाँ लेकर जाए।

जनरल और उनकी पत्नी, दोनों को संगीत में रुचि है। हालाँकि उनकी रुचि पुराने संगीत में है और इसमें उनकी युवावस्था के दिनों के गाने और गजल शामिल हैं। अगर समय इजाजत दे तो वे एक साथ फिल्म भी देख लेते हैं। श्रीमती सुहाग कहती हैं, "अगर संभव हुआ तो वे भरतनाट्यम और दूसरे शास्त्रीय नृत्य सीखना पसंद करेंगी।" इस इच्छा में उनकी रुचि और अभिरुचियाँ स्पष्ट दिखाई देती हैं, जिनके लिए उन्हें पहले समय नहीं मिल सका था। सीखने की इस इच्छा के बावजूद वह जानती हैं कि अपनी वर्तमान भूमिका में कल्याण संबंधी कामों के चलते पहले से भी अधिक व्यस्त हो जाएँगी।

उनके पति सेना प्रमुख जनरल दलबीर सिंह का इस अहम पद तक पहुँचना एक गाँव के ऐसे युवक की आकांक्षाओं की प्रेरणादायक कहानी है, जो एक दिन सेना में अधिकारी बनना चाहता था। कड़े परिश्रम, दृढ निश्चय और समर्पण के भाव से वह न केवल सेना में एक अधिकारी बनने में सफल हुए, बल्कि आज वे सेना में सर्वोच्च जनरल के पद पर हैं।

□

स्वतंत्रता पूर्व के ब्रिटिश भारतीय सेना के कमांडर इन चीफ

भारत की स्वतंत्रता के पूर्व अर्थात् सन् 1947 से पहले भारतीय सेना 'ब्रिटिश भारतीय सेना' कहलाती थी। इस दौरान प्रारंभ से स्वतंत्रता तक अर्थात् 1902 से 1947 तक इसके सभी सेनाध्यक्ष अंग्रेज ही थे। इन सेनाध्यक्षों के कार्यकलाप या इनका इतिहास हमारी पुस्तक का विषय कदापि नहीं हो सकता, क्योंकि ये भारतीय भूमि पर जनमे सेनानायक नहीं थे।

एक स्वार्थपूर्ण उपनिवेशवाद के हिस्से के रूप ये अंग्रेज सेनाध्यक्ष हमारे लिए भले ही आज घृणा के पात्र न भी हों, लेकिन महत्त्वपूर्ण कदापि नहीं हो सकते। इन सेनाध्यक्षों की सूची और उनका कार्यकाल इस तरह रहा—

सन् 1765 से 1767 तक	मेजर जनरल लॉर्ड क्लाइव
सन् 1770 से 1773 तक	ब्रिगेडियर जनरल सर रॉबर्ट बेकर
1773 से सन् 1774 तक	कर्नल अलेग्जेंडर कैंपमैन
सन् 1774 से 1777 तक	लेफ्टिनेंट जनरल सर जॉन क्लेवरिंग
सन् 1779 से 1783 तक	लेफ्टिनेंट जनरल सर आइरी कॉट

सन् 1784 से 1785 तक	लेफ्टिनेंट जनरल रॉबर्ट स्लॉपर
सन् 1786 से 1793 तक	लेफ्टिनेंट जनरल लॉर्ड कार्नवालिस (गवर्नर जनरल)
सन् 1793 से 1797 तक	मेजर जनरल सर रॉबर्ड अबेरक्रॉम्बी
सन् 1797 से 1801 तक	लेफ्टिनेंट जनरल सर ऑलर्ड क्लार्क
सन् 1801 से 1805 तक	लेफ्टिनेंट जनरल गेलॉर्ड लेक
सन् 1805	लेफ्टिनेंट जनरल लॉर्ड कार्नवालिस
सन् 1805 से 1807 तक	जनरल लॉर्ड गेलॉर्ड लेक (जनरल के पद पर पदोन्नत किए गए)
सन् 1807 से 1811 तक	लेफ्टिनेंट जनरल सर गॉर्ज हेवेट
सन् 1812 से 1813 तक	लेफ्टिनेंट जनरल सर गॉर्ज नूजेंट
सन् 1813 से 1823 तक	जनरल लॉर्ड मोरिया (गवर्नर जनरल बने)
सन् 1823 से 1825 तक	लेफ्टिनेंट जनरल सर एडवर्ड पजेट
सन् 1825 से 1830 तक	जनरल लॉर्ड कॉम्बेरमेयर
सन् 1830 से 1832 तक	जनरल लॉर्ड डलहौजी
सन् 1832 से 1833 तक	जनरल एडवर्ड बर्नेस
सन् 1833 से 1835 तक	जनरल लॉर्ड बेंटिक (गवर्नर जनरल बने)
सन् 1835 से 1839 तक	लेफ्टिनेंट जनरल सर हेनरी फेन
सन् 1839 से 1843 तक	लेफ्टिनेंट जनरल सर जैसपर निकॉल्स
सन् 1843 से 1849 तक	फील्ड मार्शल लॉर्ड गूच
सन् 1849 से 1850 तक	जनरल सर चार्ल्स नेपियर

सन् 1850 से 1856 तक	जनरल सर विलियम गोम
सन् 1856 से 1857 तक	जनरल जॉर्ज एन्सन
सन् 1857	लेफ्टिनेंट जनरल सर पैट्रिक ग्रांट (कार्यवाहक)
सन् 1857 से 1860 तक	जनरल सर कोलिन कैंपबेल
सन् 1860 से 1865 तक	जनरल सर ह्यू (Huge Rose) रोज
सन् 1865 से 1870 तक	जनरल सर विलियम मेंसफील्ड
सन् 1870 से 1876 तक	जनरल लॉर्ड नेपियर
सन् 1876 से 1881 तक	जनरल सर फ्रेडरिक हैंस
सन् 1881 से 1885 तक	जनरल सर डोनाल्ड स्टेवार्ट
सन् 1885 से 1893 तक	जनरल सर फ्रेडरिक रॉबर्ट्स
सन् 1893 से 1898 तक	जनरल सर जार्ज ज्वाइट
सन् 1898 (अल्पकालीन)	लेफ्टिनेंट जनरल सर चार्ल्स नैरेन
सन् 1898 से 1900 तक	जनरल सर विलियम लोकहार्ट
सन् 1900 से 1902 तक	जनरल सर पावर पॉल्मर
सन् 1902 से 1909 तक	जनरल लॉर्ड किचनर
सन् 1909 से 1914 तक	जनरल सर वूमर क्रेच
सन् 1914 से 1916 तक	जनरल सर ब्यूचेंप डफ
सन् 1916 से 1920 तक	जनरल सर चार्लीज मुनरो
सन् 1920 (अल्पकालीन)	फील्ड मार्शल सर क्लाउड जैकोब
सन् 1920 से 1925 तक	जनरल सर लॉर्ड रॉविल्सन
सन् 1925 से 1930 तक	फील्ड मार्शल सर विलियम बर्डवुड
सन् 1930 से 1935 तक	फील्ड मार्शल सर फिलिप कैटवुड

सन् 1935 से 1941 तक	फील्ड मार्शल सर रॉबर्ट चैस्लेस
सन् 1941 से 1942 तक	जनरल सर क्लाउड ऑचनेक
सन् 1942 (अल्पकालीन)	जनरल सर एलेन हार्टले
सन् 1942 से 1943 तक	फील्ड मार्शल सर आर्चिवल्ड बवैलसन
सन् 1943 से 1947 तक	जनरल सर क्लाउड ऑचनलेक

(बाद में कमांडर इन चीफ से फील्ड मार्शल के पद पर प्रोन्नत हुए)

□□□